IJS 서울대학교 일본연구소
Reading Japan **2**

'착한 일본인'의 탄생
The Good Japanese

전후 일본의 민주주의 교육과 국민형성
Discipling Democracy

저자 해리 하루투니언(Harry Harootunian)
감수 조관자(서울대학교 일본연구소 교수)
번역 정기인(강연록) / 이경희(부록)
토론 남기정(서울대학교 일본연구소 교수)
　　 김　항(고려대학교 민족문화연구원 연구교수)

제이앤씨
Publishing Company

서울대학교 Reading Japan 2

책 을 내 면 서

　　서울대 일본연구소가 〈리딩재팬〉 시리즈로 인사를 드립니다. 〈리딩재팬 Reading Japan〉은 '스피킹 재팬 Speaking Japan'을 문자로 기록한 시리즈입니다.

　　저희 일본연구소는 세계와 소통하는 연구거점으로 거듭나기 위해, 세계의 저명한 연구자와 다양한 분야의 전문가를 초청하여 각종 강연회를 개최하고 있습니다.

　　강연회는 현대 일본의 복잡다단한 동향과 일본연구의 세계적 쟁점을 보다 생생하고 신속하게 발신하는 형식입니다. 하지만 '말'을 기억하는 힘은 역시 '글'에 있습니다. 이 작은 책자들 속에는 한 귀로 흘려버리기에 아까운 '말'들을 주워 담았습니다.

　　〈리딩재팬〉은 일본의 정치, 외교, 경제, 역사, 사회, 문화, 교육 등에 걸친 쟁점들을 글로벌한 문제의식 속에서 알기 쉽게 풀어내고자 노력합니다. 강연회에서 논의된 다양한 주제들을 대중적으로 확산시키고, 일본연구의 사회적 소통을 넓혀나가는 자리에 〈리딩재팬〉이 함께 하겠습니다. 앞으로도 많은 관심을 부탁드립니다.

서울대학교 Reading Japan 2

차 례

◆ 책을 내면서 / 03

| 강연록 | ──────────────── 07
1. 일본인론과 전후 민주주의의 주체   10
2. '기대되는 인간상'의 작성배경   15
3. 근대 '문명비판'과 일본 고유의 '정신' 중시   20
4. 근대문화의 쾌락성 비판과 대안으로서의
    가정과 천황   29
5. 결론   34

| 토론문 | Harry Harootunian 강연 토론문 ──────── 39
1. 근대 일본 사상·문화사 연구의 관점 변화   42
2. 아시아라는 계기의 말소   45
3. '기대되는 인간상'과 '국민교육헌장'   51

| 역자후기 | ──────────────── 67

| 부록 | ——————————————— 73

1. '기대되는 인간상'(본문)   75
   머리말   75
   제1부 당면한 일본인의 과제   77
     1. 현대문명의 특색과 첫 번째 요청
     2. 오늘날의 국제정세와 두 번째 요청
     3. 일본의 존재방식과 세 번째 요청
   제2부 일본인에게 특히 기대되는 것   86
     제1장 개인으로서
     제2장 가정인으로서
     제3장 사회인으로서
     제4장 국민으로서

2. '기대되는 인간상'의 보고를 정리하며   105

강연록

- 이 새로운 국가주의는 전전(戰前) 일본의 제국적 주체와 닮은꼴로 새로운 시민을 재구성하고자 했습니다. 이 강연에서는 전후 일본의 민주주의 교육과정에서 새롭게 기획된 국민 주체의 모습과 그 형성 논리를 다루겠습니다.

강연록

'착한 일본인'의 탄생
: 전후 일본의 민주주의 교육과 국민형성

Harry Harootunian

　　전후 시기 일본 정부는 새로운 민주적인 주체상을 형성하는 목표에서 벗어나, 시민들을 국가에 결속시키기 위한 계획을 시행했습니다. 이 새로운 국가주의는 전전(戰前) 일본의 제국적 주체와 닮은꼴로 새로운 시민을 재구성하고자 했습니다. 이 강연에서는 전후 일본의 민주주의 교육과정에서 새롭게 기획된 국민 주체의 모습과 그 형성 논리를 다루겠습니다.

1. 일본인론과 전후 민주주의의 주체

패전과 그에 따른 미국의 군사 점령 시기에 일본에서는 새로운 민주 사회를 이루려는 강력한 운동이 추진되었습니다. 책임감 있게 행동할 수 있는 시민들로 새로운 주체상을 구성하려는 것이었습니다. 그렇지만 대부분의 전후시기(21세기에도 아직도 지속되고 있는 듯한)에는 일본인이기도 한 주체나 주체의 위치가 아니라, '우리 일본인'이라는 국민 주체를 상상하는 데에 몰두하였습니다. 이러한 움직임은 단순히 민주화의 예정된 결과로 보일 수도 있습니다. 하지만 그것은 실제로 미군정이 도입한 민주적 개혁들을 이전으로 후퇴시킬 것을 목표로 삼은 중대한 전환들로 이루어졌습니다. 1945년에 일본은 열혈 국가주의의 탓으로 돌려진 파멸적 전쟁에서 빠져나왔고, 민주적 개혁은 바로 그 국가주의의 근절을 목적하였다는 점을 상기해야 합니다. 이러한 열망은 '일본인론'이라고 불렸던, 일본인이란 무엇을 의미하는가에 대한 담론의 지속적 형성과 보급에 나타나 있습니다. 이 '일본인론'은 오늘날 굉장히 친숙한 것들입니다. 수많은 가이드 포스트(guidepost)나 텍스트들이 일본인론과 관련하여 정신과 문화적 정체성을 끊임없이 논의해 왔습니다.

이에 반해 제가 여기서 살펴보고자 하는 것은, 보다 공식적이고 제도적인 방식으로, 국가 이데올로기나 권력 이론이 일본인 주체를 개조하려 한 방식입니다. 이 일본인 주체는 전전(戰前)의 옛 제국적 주체(신민)가 아니라 미국 헌법에 의해 권위가 부여되고 민주적 질서의 요구에 따르는 시민(국민)입니다. 또한 정부가 국가에 일상 생활을 결속시키려고 한 시도에 대해서도 논의할 것입니다. 그러나 이러한 재설정이 낳은 주체는 민주주의의 제약에도 불구하고, 메이지 교육칙어에 의해서 처음 그려진 옛 제국적 주체와 여전히 유사합니다.

패전을 계기로 전후 일본에서는 정치적이고 책임감 있는 행동을 할 수 있는 새로운 주체성의 개념을 구축하려는 노력이 잠시 실천되었습니다. 그러나 엘리트주의와 대중에 대한 불신을 숨기는 데 실패한 국가의 감독 프로그램은, 대중의 정치적 참여가 1960년 미일안전보장조약 조인에 항의하는 집회로 절정에 도달했을 때 결정적인 조정을 거쳤습니다. 이러한 대중 집회는 전후 일본에서는 처음 일어난 것이었습니다. 이는 정부로 하여금 정치적 적을 규정하고, 새 정책의 실행을 통해 대중의 통제를 더욱 강화하도록 만들었습니다. 새 정책의 목표는 새롭게 고안된 형식의 사회화를 통한 경제 개선과 소비 촉진, 그리고 더 큰 사회적 통합이었습니다. 여러 측면에서 볼 때, 1960~1974년의 '고도성장'(高度成長) 정책은 '전후' 사상을 통제하고 이 시기를 지휘하려는 시도였습니다. 전후 회복으로 나아가면서, 일본 사회를 전쟁으로 이끌었다고 볼 수 있는 전근대적 무의식을 극복할 수 있는 방법을 찾기 시작한 것이었습니다. 이는 새롭게 다시 설립된 일본자유민주당(日本自由民主黨, 약칭 자민당)의 과두정부를 불안하게 하고 심지어는 뒤엎을 수도 있는 당시의 민주적 과잉 활기에 대한 대응책이 되었습니다. 또 이는 대중들의 활성화되고 과열된 에너지를 다른 목표(물질적 번영, 개인의 행복, 사회적 유대)로 돌리게 하였습니다. 자민당이 시행한 소득배증계획은 미국의 엄청난 지원을 받은 유일당 통제의 영구성을 굳건하게 하였을 뿐만 아니라, 일본 사회와 문화의 근대화 과정, 즉 전전(戰前) 시기에 끝맺지 못한 임무를 완료할 수 있는 긴 프로젝트의 개시를 알리는 것이었습니다. 이 결과는 근대적 질서를 설립하는 것이었습니다. 실상 이는 원래 전후 사상이 그렸던 것(자본주의의 무한정성을 찬양했던 프로그램으로 우선은 수출을 목표로 하는 생산에 특혜를 주고 그 후에는 가정의 소비를 권장하는 것)을 의도치 않게 모방한 것으로 밝혀졌습니다. 고도성장(高度成長)이 허용한 것은 전전(戰前)

시기에 결코 도달하지 못했던 규모의 정부와 시장의 융합이었습니다. 이는 민주주의와 소비에 거슬리는 것들을 제거할 역량을 갖춘 새로운 주체성의 설립에 기반하였습니다. 민주주의와 소비의 새로운 동반자 관계가 시작된 것입니다. 이는 당시 공공질서를 흔들고 결속과 밀집성을 약화시키려는 무계획적인 대중의 저항적 충동을 약화시킬 것이라고 기대되었습니다. 이것의 근본적인 효과는 일상생활을 궁극적으로 국가에 동화시키고, 사회적인 것과 정치적인 것을 매끄러운 전체로 봉합하는 길을 열어준 것이었습니다. 이는 일본 총리 오히라 마사요시(大平正芳)[1]의 1970년대 말 계획의 목표인 새로운 '문화의 시대'를 맞이하는 것과 정확히 일치하는 것이었습니다. 이 프로그램은 '경제의 시대'(경제적 재건과 회복)에 뒤이은 것으로서 통합적이고 온전한 사회를 향하여, 모든 분열로부터 해방된 일본을 만드는데 노력을 기울이었습니다. 이 야심적 근대화 이론은 21세기 일본을 위해 계획되었고, 일본의 전지구적 산업 성공의 비결을 비유럽 세계 속에서 일본의 특이하고 유일한 전근대적 문화적 자질(서유럽의 막스 베버(Max Webber)식[2] 주장의 재탕)로 돌렸습니다. 이에 따

---

1) 오히라 마사요시(大平正芳) 1910~1980. 일본의 정치가. 자유민주당 보수파 주류로서, 통산장관, 재무장관, 외무장관, 총리 역임.

라 1970~80년대의 일본인론에 대한 대중적 담론 생산을 불러온 '일본적인 것'의 특성을 재차 확언하게 했습니다. 이러한 서사의 연대기에서, 총리 이케다 하야토(池田勇人)3)가 개시하고 그 후임자 사토 에이사쿠(佐藤榮作)4)가 지속시킨 '경제의 시대'는 '고성장 경제의 팽창'과 '소득배증계획'으로 특징지어졌습니다. 일본인들은 이 단계에 들어서 빠른 경제 성장의 혜택을 경험했고, 이제 '정신과 문화의 열매'를 추구할 준비가 되었습니다. 그러나 '문화의 시대'는 결코 완전히 시행되지는 못했습니다. 이 계획은 국가를 거대한 정원 도시를 닮은 유토피아로 재조직함으로써 특정한 문화적 가치들의 우월성을 사람들에게 '심는' 것을 목표로 하였습니다. 보다 자세히 살펴보면, 오히라와 그의 정책입안자들이 그린 이 프로그램은 '일본식 경영'의 경험에서 자신감을 얻어 이제는 일상생활 속에 잠재되어 있는 사회적 과잉을 제거하려고 시도한 것입니다. 그러나 오히라가 21세기 일본에 대한 새로운 비전을 수정

---

2) 막스 베버(Max Webber) 1864~1920. 독일의 사회과학자. 주저로 『사회과학적 및 사회정책적 인식의 객관성』, 『프로테스탄티즘의 윤리와 자본주의 정신』이 있음.
3) 이케다 하야토 (池田勇人) 1899~1965. 일본의 정치가. 재무장관, 통산장관, 총리 역임.
4) 사토 에이사쿠 (佐藤榮作) 1901~1975. 일본의 정치가. 재무장관, 통산장관, 총리 역임. 노벨평화상(1974) 수상.

했을 때에는, '고성장경제'의 달성은 이미 차질을 빚고 부담의 조짐을 보이기 시작했습니다. 본래 '문화의 새로운 시대'는 일본사회의 불안을 저지하여야 했지만, 새로운 실패들의 증가는 일본 사회를 덫으로 옭아맨 외골수의 산업노선을 재고하도록 만들고 있었습니다.

2. '기대되는 인간상'의 작성배경

자민당의 '고도성장(高度成長)'과 경제 개선으로 더 많은 정치적 참여와 공적 영역의 팽창을 대체하려 한 것은 전후 민주주의 사회에 대한 비전에서 매우 중요했습니다. 이 사회는 우선 수출을 위한 생산의 수준을 높이고, 그 후에 궁극적으로는 소비에 대한 기대를 충족시키는 것을 목표로 했습니다. 그러나 이러한 목표를 달성시키기 위해서는 주체성의 개념을 재구성하고, 생산주의적인 열망을 충족시킬 수 있도록 개조하여 착한 일본인의 '이상화된 이미지'를 행정의 일부분으로 만들어야 했습니다. 그리고 나서 최후의 '근대의 정복'으로 선언된 21세기를 위한 공상적 유토피아를 보여주는 것이 필요했습니다. 이 사회에서는 모든 종류의 불공평함(자본주의적 근대성의 저주)이 제거

되어 있고 폭넓은 중간 계층(계급이 없고, 평범하며, 분열이 없는)이 있을 것이라 믿어졌습니다. 또한 패전 때문에 필요하게 된 수년 간의 고된 노동과 자기 희생은 전쟁으로 잃어버린 것과 파괴당한 것을 복원하는 목표를 달성하기만 하면 일상의 무한한 소비가 가능해져서 보상받을 수 있는 것이라고 믿어졌습니다.

교육과정을 통해 실현되는 이상적 일본인 상은 규율화된 노동과 불평 없는 헌신을 강제할 수 있는 새로운 국가 권력의 이론을 필요로 합니다. 이를 통해 사람들로 하여금 정치적 개입(정치적 주체성)을 소비에 대한 약속으로 스스로 교환하도록 합니다. 반면에 새로운 문화시대는 '착한 일본인'을 상상적 국가의 정원 도시와 함께 제공하려는 노력입니다. 정부가 시도한 이 두 목표는 공통적으로 근대의 신빙성을 떨어트리고 '일본적인 것'을 고양시키려 했습니다.

교육을 통한 사회화는 1963년 계획의 기안에서 공립학교에서 실행될 예정이었습니다. 이 기안에는 일본인을 재규정하는 것으로 '기대되는 인간상'(期待される人間像)[5]

---

5) 독자들의 편의를 위해, "기대되는 인간상"의 한국어 번역을 책말미에 부록으로 삽입하였다.

이라는 문서가 포함되어 있었습니다. 앞서 논의한 것처럼, 오히라의 새로운 문화시대를 위한 프로그램은 1980년대에 만들어진 것으로, 경제장관의 원조 하에 실행되었고 최후의 '근대를 넘어서'(近代を越えて)라고 불려졌습니다. 이는 물론 의도적으로 전쟁시기의 '근대의 초극'(近代の超克)을 상기시키는 것이며 서양으로부터 일본의 이탈을 끝맺는 것이었습니다. 전후 자민당 정권에 의해서 시행된 이러한 이데올로기적 개혁의 누적적 효과는 정부와 사회를 새롭고 더욱 강력한 과두의 정치적 통제로 융합하려는 것이었습니다. 여기서 위로부터의 권력은 아래로부터의 복종과 상호교환 가능해졌고, 전쟁 동화정책 전에는 결코 성취된 적이 없던 방식으로 일상성이 마침내 국가 형태에 통합되었습니다. (이는 교토학파를 비롯한 전전 이론가들이 논쟁 지점이라고 여겼던 부분입니다).

많은 면에서 '기대되는 인간상'은 메이지 교육칙어를 되풀이했습니다. 이 '기대되는 인간상'은 주체들의 행동을 규제하고 그들을 순종적이고 훈련된 노동자로 만들 도덕적 기준을 주입하고자 한 과거의 텍스트(메이지 교육칙어)와 닮아 있었습니다. '기대되는 인간상'의 텍스트는 교육부 장관이 1966년 공표하였지만, 그 준비는 3년 전부터 중등학교 교육의 확장과 강화와 관련된 '질문'들을 유도하면서 시작되었습니다. 제19회 중앙교육심의회 제19특별 위원회의 회장은 교토학파의 중심적 이론가 중 한 명이며 전쟁시기 파시즘 철학을 정립한 고사카 마사아키(高坂正顯)[6]였고, 이 특위에는 고야마 이와오(高山岩男)[7]와 니시타니 게이지(西谷啓治)[8]가 포함되었습니다. 위원회 구성원들은 널리 알려진 교육가, 사업가(예를 들어 마쓰시타 고노스케(松下幸之助)[9])와 그 밖에 유명 인사들이 포함되었는데, 이들은 '기대되는 인간상'을 형성하는 일에 참여하였습니다. 1960년대 초에 고사카 마사아키는 전쟁 시기 파시즘과 관련한 자신의 경력을 구제하는데 성공하여 다시금 교토대학에 안락하게 자리를 잡고 이번에는 교육대학에서 근무 하였습니다. 그러나 문서의 실제 초안은 고야마 이와오가 작성하였다고 알려져 있습니다(비록 '기대되는 인간상' 감사의 말 어디에도 그의 이름이 등장하지는 않지만). 고야마 이와오는 교토학파의 가장 공격적이면서

---

6) 고사카 마사아키(高坂正顯) 1900~1969. 일본의 철학자. 칸트 철학을 주로 연구하였고, 교토학파의 일인.
7) 고야마 이와오(高山岩男) 1905~1993. 일본의 철학자. 교토학파의 일인. 교토제국대학 문학부 교수 역임.
8) 니시타니 게이지(西谷啓治) 1900~1990. 일본의 철학자, 종교철학 연구자. 교토대학문학부 명예교수.
9) 마쓰시타 고노스케(松下幸之助) 1894~1989. 일본의 기업인. 파나소닉(Panasonic)의 창업자.

도 다작하는 인물입니다. 그는 전후에 출간된 수많은 텍스트들에서 전전(戰前) 이데올로기적 프로그램을 확장시키는 것을 지속한 인물로서, '기대되는 인간상'의 모든 곳에서 그의 흔적을 발견할 수 있습니다.

'기대되는 인간상'은 특히 '주체로서 인간의 본연의 모습'에 대해 논하며, '어떠한 이상상을 그려내는 것이 가능할까' 라고 묻습니다. '기대되는 인간상'의 주된 초점은 '착한 일본인'(良き日本人)이라는 새로운 이상을 형성하는 과정과 '교육에 종사하는 사람들'의 매개관계, 그리고 '교육의 궁극적 이상 추구'와 '기대되는 이상적 상 추구' 사이에 동일성을 부여하려는 것이었습니다. '우리 일본인들에게 오늘날 가장 중요한 것은 기대되는 이상적 상의 실체를 표현하고 우리가 반드시 획득해야 하는 여러 도덕성과 실질적 기준들을 익숙하게 몸에 익히도록 하는 것이다'(身に付けなければならない) '이러한 목표의 실현을 위해 어떻게 해야 하는가'라는 주요한 질문이 제기됩니다. 그 대답은 '주체로서의 인간은 마땅히 어떠해야 하는가', '어떠한 이상상을 그리는 것이 가능할까'를 검토하는 것에 있습니다.

당시 일본의 교육적 환경에서는 일본인으로서의 자각, 사회 구성원들의 노동에 대한 존중, 근면이라는 도덕률과 임무에 강한 목적의식을 가지게 하는 자립심을 획득하는 것이 중요한 과제로 부각되었습니다. 다시 말해, 학교의 임무는 잘 훈련된 노동을 목적으로 시민들을 훈련함으로써 국가의 목표를 달성하는 데 있다는 것입니다. 이러한 목표를 추구하는 과정 중에, 도덕성의 중요성은 과대평가되면 안 된다고 했습니다. 왜냐하면 이는 양심(良心)과의 관련성을 상기시키기 때문이라는 것입니다. 도덕이나 양심에 대해서 논할 때, 사람들이 덕성의 명칭을 외우는 것은 덕성을 제2의 본성으로 흡수하는 것보다 덜 중요하다는 것입니다.

3. 근대 '문명비판'과 일본 고유의 '정신' 중시

'기대되는 인간상'은 근대사에 대한 일본의 긴밀한 관여와 산업 기술의 숙달에 대해서 언급하면서, 이러한 업적은 인간의 (일본인의) 품성을 개선시키는 비견될만한 프로그램과 함께 수행되어야 한다고 설득하고 있습니다. 이러한 움직임 없이는 당대 문명은 균형을 잃을 것이라고 경고했습니다. 이러한 경고가 환기하는 것은 반근대 모더니즘의 전통입니다. 이는 전후에 이미 다시 표현되고 있었고, 심지어 전쟁 전에도 인간들이 영혼이 아니라 기계의 노예가 되고 기계화되어가고 있다는 공포감이 표출된 바 있습니다. '기대되는 인간상'은 '문명비판'이라는 용어로 기계화와 도구화의 심각한 위험성을 지적하였습니다. 근대 문명의 혜택과 복잡성을 인정하면서, '기대되는 인간상'은 그 결과 중 하나가 '이기심과 쾌락을 추구하는' 경향이라고 경고했습니다. 근대의 효과는 양날의 칼로써, 인간의 번성에 기여했지만 동시에 물질적 풍요로 인간을 망가뜨렸다는 것입니다. 현재는 기술혁신의 시대라서, 일본인들은 이 시대에 적합한 자기 능력을 개발해야만 합니다. 헌신적이고 근면하게 노동하는 주체성과 동시에 근대, 소비생활, 이기심의 유혹에서부터 자유로운 감각을 지닌 자아를 구성해야만 합니다.

'기대되는 인간상'이 전후 일본에서 경제적 회복의 중요성을 이미 인지하고 있었고 이러한 성과를 '세계의 기적'으로 표상하려 한 점은 중요합니다. '기대되는 인간상'은 물질적 번영이 언제나 이기심과 에피쿠로스적인 (Epicouros)[10] 충동들을 수반한다는 점을 공공연하게 걱정하고 있습니다. 이와 동시에 패전으로 야기된 정신적

---

10) 고대 그리스 철학자. (BC 342?~BC271) 에피쿠로스 학파는 인생의 목적을 자연적인 욕망의 충족으로서의 쾌락의 추구로 보았음.

공허함의 흔적들과 그 결과 현재에도 계속 지속되고 있던 정신적 장애를 우려하고 있습니다. 이러한 논의는 예상대로, 삶의 점진적인 상업화와 그 결과로 인한 정신적이고 도덕적인 고갈을 비판했던 전전 비평가들의 근대성에 대한 넘쳐나던 비평들을 반복했습니다. 이는 히로히토[11]가 전쟁 직후, 전쟁 원인에 대해서 설명하면서 동원한 논의였습니다. 이기심과 대량 소비가 사람들의 도덕적 결의를 약화시켰고 개인주의의 무모한 형태로 유혹하였다는 것입니다. (이러한 논의 뒤에는 대중 민주주의가 오직 대량 소비와 문화저하로 귀결된다는 신념이 있습니다. 이는 후에 '기대되는 인간상'에 의해 공식화 되었습니다).

정부는 '기대되는 인간상'의 관점에 서서, 이 '정신적 사고'의 매개 없이는 '인간 삶의 진정한 진보'를 실현 불가능한 것으로 당대 삶의 모습을 각색하였습니다. 인간의 진정한 진보란 사람들의 일상생활을 지도하기 위한 전통적인 정신적 나침반을 회복하는 것을 의미했습니다. 경제적 번영이 필요로 하는 정신적인 지도를 제공하는 데에 실패하였을 경우, 일본인들은 삶의 실질적 기반을 잃고 인간들은 단지 '생산을 위한 기구'로 변질될 위험을 경고

---

[11] 히로히토(裕仁). 소화천황. 1901~1989. 일본의 제124대 천황. (1926~1989 재위)

했습니다. 그러나 바로 이것이야말로 '기대되는 인간상'과 '착한 일본인'을 만들기 위한 프로그램이 성취하려고 한 것이었습니다. 이 프로그램을 추진하는 주된 이상은 소위 '문화국가'를 창조하는 것에 있습니다. 이 개념은 전쟁 이전에 이미 유통되었고 최근에는 고야마 이와오의 텍스트에서 다시 나타났으며, 근대성을 마침내 '정복'하고 '초극'한 21세기 새로운 일본 사회의 모델을 제시한 오히라 마사요시의 야심 가득한 계획에서도 환생되었습니다. 만약 문화국가가 사회에 널리 퍼지고 더 나아가 '일상 문화'(생활문화)의 핵심을 관통하는 고등 학습과 예술 학교들을 설립하는 것을 의미한다면, 이를 위해 특별한 조건들이 충족되어야 했습니다.

여기서 '기대되는 인간상'은 논점을 전환하여, 제2차 세계대전의 결과가 일본인 삶에 야기한 커다란 변화들, 즉 국가와 사회가 어떠해야 하는가라는 전후 민주주의적 사고의 새로운 방식들을 재평가합니다. 새 사고 방식이 전후 이상들을 실현하기 위한 구체적 정책을 마련하는 임무에 부적합한 추상적인 관념에 의존했을 뿐이었다고 비판한 점이 가장 문제적입니다. 이로 인해, '기대되는 인간상'의 논자들은 패전의 슬픈 현실이 일본의 과거를 인식했어야 하는 방식과 일본인의 정상적 대응을 왜곡하는 환상을 불러일으켰다는 것입니다. 그 환상의 결과, 사람들은 국민의 역사 및 새 자아 지각을 구성하려는 열망을 묵살하였다는 것입니다. 그들은 말합니다.

> 패전의 비참한 사실은, 과거의 일본 및 일본인의 모습이 하나같이 잘못된 것인 듯한 착각을 일으켜, 일본의 역사 및 일본인의 국민성은 무시되기 십상이었다. 그 때문에 새로운 이상이 표방되기는 해도, 그것이 정착할만한 일본인의 정신적 풍토가 지니는 의의는 그다지 염두에 두지 않고 일본민족이 계속해서 지녀 온 특색마저도 무시되기 쉽다. (…) 만일 일본인의 결점만을 지적하고, 그것을 제거하는데 급급하여 그 장점을 신장시킬 마음가짐이 없다면, 일본인의 정신적 풍토에 어울리는 형태로 새로운 이상을 실현할 수 없을 것이다. 우리는 일본인임을 잊어서는 안 된다.

망각의 운명을 피하기 위해서, '기대되는 인간상'은 일본의 젊은이들에게 문화적 손실이 남긴 교훈과 오늘날 이것을 다시 천명할 필요성을 가르쳐야 한다고 조언했습니다. 문화적 기억의 상세한 연구, 국기·국가(國歌)·천황을 향한 존경과 사랑은 국가와 국가의 임무에 대한 애정을 적극적으로 표현한 것이기 때문에 무엇보다 우선되었습니다. 선조의 땅인 일본을 가슴 깊이 숭상함으로써 국민들은 예전처럼 천황을 향한 존경을 내비칠 것이었습니다.

'기대되는 인간상'은 국가적 임무라는 지각을 일깨우기 위한 순간으로 당대를 파악합니다. 여기서 제가 명백히 언급해야 할 점이 있습니다. 예전 전쟁 시기에 교토학파가 일본의 세계사적 사명으로서 세계사적 문제를 영구히 초극해갈 총력전에 인구를 동원하는 것이 중요하다고 선포했는데, 이 텍스트는 그것을 되풀이하고 있다는 점입니다. 전후 패전과 부서진 이상의 분위기 속에서, 사람들 사이의 신뢰를 되살리는 것이 중요했습니다. 이는 국가의 근간에 있던 민중의 잃어버린 공동체주의를 다시 포착하는 것을 의미했습니다.

당시에 '전후 사상'이란 새롭게 실행된 민주주의[12]의 요구조건들을 만족시킬 수 있는 합리성과 과학성의 가치들에 전념하는 새로운 형태의 정치적 주체성을 건설하려는 노력을 의미했습니다. '기대되는 인간상'은 전후 사상의 '추상성'을 공격하면서 '일본인들의 정신적 풍토'을 세밀하게 파악하는 데 실패했음을 지적했습니다. 근대성의 열렬한 지지자들에게 수용된 '새로운 이상들'이 '일본 민

---

12) 원어는 social democracy이지만 북유럽식 사회민주주의와 혼동될 수 있기 때문에 민주주의로 번역하였다.

중의 지속적인' 특수한 '악센트'를 묵살했다는 의미입니다. 그러나 이러한 주장은 와쓰지 테쓰로(和辻哲郞)13)와 야나기타 구니오(柳田國男)14) (둘 다 전후 초기까지 산 사람) 와 같은 전전(戰前) 사상가들에 의해 고취된 논의들을 단순히 반복한 것입니다. 이들은 문화적 민속적 민족성을 실제 현실로 여기며, 계급과 개인주의를 사회적인 관념이라고 간주했습니다. '기대되는 인간상'이 시민들 주체성의 윤곽을 보여주려고 시도했기 때문에, 오래된 민중을 향한 관심과 (제가 과거에 언급한 그)15) 민중의 '유령적' 존재는 중요합니다. 일본의 정신적 풍토에 적합한 새로운 이상을 실현하려는 어떠한 노력도 필연적으로 '우리가 일본인임을 망각'하지 않는 것을 필요로 합니다. 다시 말해, 일본 근대화의 시기에 정기적으로 근대성의 장소에 출몰하여 잃어버린 것과 망각된 것을 기억해 내라고 충격을 주었던 유령들은, 이제는 정부에 의해 소환되어 당대에 영구적으로 머물면서 제2의 계몽 가능성에 들떠있던 이른 전후 세

---

13) 와쓰지 테쓰로(和辻哲郞) 1889~1960. 일본의 철학자, 논리학자, 문화사가, 일본사상사 연구자.
14) 야나기타 구니오(柳田國男) 1875~1962. 일본의 민속학자. 일본민속학의 개척자.
15) Harry Harootunian, 「National Narratives / Spectral Happenings: Formation of Subject and Self in Modern Japan」『日本の歷史』25, 講談社.

대들의 근대주의를 비판하고 있는 것입니다. 전세계적 규모의 정치적 문화적 위기 때문에 이 소환이 필요했습니다. 그리고 '기대되는 인간상'은 (자본주의적 - 역주) 세속성을 촉구하는 당대 상황들이 국가의 정신사와 개성을 잊으라는 의미는 아니라고 충고했습니다. '세속적'이라는 것은 실제적 현존이 없는 단지 관념적이고 추상적인 범주이기 때문에, 진실로 세속적이 되는 길은 '착한 일본인'이 되는 것에서부터 시작되는 것이었습니다. 정신적이고 도덕적인 힘과 관련 있는 일본인들의 '강건함'은 독립성을 낳는 자질이라 하였습니다. 비록 전후 정치의 행위들이 주체보다는 대상으로서의 길을 종종 제시하기는 했지만, 일본은 행위의 단순한 대상이 아니라 주체이며 행위자였습니다.

그런데 전후 정치는 일본의 정신적 풍토에 뿌리내리는 데 실패하여, 혼란과 카오스만을 생산한 민주주의를 받아들인 것이 바로 불행한 상황의 원인이라는 것입니다. 민주주의는 궁극적으로 법적 자유를 경제적 평등과 일치시키려는 경향 때문에 부패했습니다. '기대되는 인간상'에 의하면 이는 필연적으로 계급 갈등으로 나아가게 됩니다. 이러한 치명적 오류로 인하여 전후 민주주의는 전체주의의 위협과 혁명의 위험을 감수하며 경제적 평등을 선전하였기 때문에, 개인의 법적 자유를 보장하는 것에서 멀어진 것으로 간주되었습니다. 전체주의와 혁명의 방향으로 한번 나아가게 되면, 법에 대한 존중 및 개인의 책임과 자유를 빠르게 '망각'하게 만들어서 민주주의 정치는 일본을 '무질서'에 빠트릴 위협이 됩니다.

더 나아가 '기대되는 인간상'은 민주주의가 전세계적 차원에서 법과 경제적 특성을 '오해'했기 때문에 무질서에 빠졌다고 주장합니다. 이렇게 대단히 심각한 상황 속에서, 실제로 당대의 중대한 사명은 일본인들로 하여금 민중 속에 체현된 공공의 책임감을 짊어지도록 하는 것이었습니다. 따라서 당대는 확고한 개인의 자아 지각을 복원하고 민중적 공공 연대를 회복하기 위해 할당된 순간이었습니다. 그러나 '기대되는 인간상'은 이러한 두 주장 간의 분명한 모순을 교묘하게 처리합니다. 두 사명을 수행하고 사회적 삶에서 실용성을 촉진시킬 수 있는 지식을 모집하는 것입니다. 이 지식은 타자를 위해 소진되었던 '정신'을 드러낼 것으로 믿어졌습니다. 익숙해진 '봉사'가 아니라 '정신'이 '자발적인 봉사'를 가능하게 할 것입니다. 이는 사람들이 자발적이고 습관적으로 (그리고 자동적으로) 집단을 위해서 봉사한다는 것입니다.

4. 근대문화의 쾌락성 비판과 대안으로서의 가정과 천황

민중적 연대가 피해야만 하는 문제는 인간의 본능적인 '자기애'와 연관된 과잉 지점입니다. 추구해야 할 목표는 인간 충동들을 존중하면서도, 자아를 필연적으로 약화시키는 개인적 쾌락의 유혹에서부터 끊임없이 자신을 지킬 수 있는 진정한 자아의 중요성을 강조하는 것이었습니다. (흥미로운 지점은, 제국의 교육칙어가 초기 유학의 도덕적 훈계를 연상시킨다는 점입니다.) "…쾌락을 넘어선 고결하고 귀중한 것들이 존재한다는 것을 안다면", 진정한 자아를 회복하는 것은 물론 가능한 일입니다. "건강한 신체를 유지하는 것은 기본적 의무이자 고대로부터 물려받은 정신 훈련 및 도덕 수련과 밀접히 맞닿아 있다." 이런 자기규율이 약화되어 가는 현실 속에서, 그리고 그 약화가 의지, 신뢰성, 타인에의 믿음에 가한 영향에서 근대의 위기는 모습을 드러냅니다. 이러한 의지의 운명적인 실패(이는 근대성의 저주 때문이라고 논의되는데)를 피하기 위해서, '기대되는 인간상'은 가정의 현저한 중요성이라는 전통적인 개념의 영토로 돌아갑니다.

여기서 가정은 사회적 관계와 일상 속에서 순수하고

자연스러운 애정인 '사랑'의 실현으로 참된 사회적 관계를 실현할 수 있는 공간을 제공했던 것으로 파악됩니다. 그러나 전후 시기는 가정이 경제 공동체의 가장 기본적인 요소를 구성했지만, 참된 사회적 관계를 구축하는 것으로서의 전통적 가정의 의미와 멀어졌습니다. (예를 들어 나카네 지에(中根千枝)[16]와 같은 사회사상가는 이미 산업 관계의 모델로서 회사를 일종의 가정으로 파악하는 기획을 시작했고, 한편 무라카미 야스스케(村上泰亮)[17]를 비롯한 일본 연구자들은 일본 문명 자체의 전형으로서 가정을 그려냈습니다.) 사회를 가족과 그 관계라는 표현 양식으로 재고하려는 모든 노력들은 가정 - 소우주 - 을 정치적 조직체와 동일시하고, 정치적 조직체 - 대우주 - 를 가정과 동일시하며, 이러한 배치를 '가족 국가'라고 부릅니다. 이는 사회적인 것을 제거하려는 전전(戰前) 정부가 진이 빠질 정도로 되풀이했던 점을 잊어서는 안 됩니다. 전후 시기에 천황과 그 가정의 유지는 가정 -고고학적으로 재현된 천황과 그의 가족- 을 사회의 가장 기본적인 요소로써, 다른 형태의 사회적 조직모델 -야쿠자에서 스모에

---

16) 나카네 지에(中根千枝). 1926~ . 일본의 사회인류학자. 인도, 티베트, 일본의 사회조직을 주로 연구한다. 동경대학 명예교수.
17) 무라카미 야스스케(村上泰亮). 1931~1993. 일본의 경제학자. 논리경제학 전공. 동경대학교수 역임.

이르기까지- 로 동일시 할 수 있도록 제도적이고 역사적인 권위를 부여했습니다.

'기대되는 인간상'은 가정이 사랑의 보다 큰 공동체의 모형이라고 말합니다. 이 진실을 이해하는 것이 쾌락 추구로 가정 역할의 중요성을 망각하고 지워버린 대중사회와 대중문화에서 매우 중요합니다. "가정은 자아와 가족을 회복시키며, 인간성을 회복시킬 수 있는 장소가 될 것"입니다. 가정은 학교와 협력을 한다는 면에서 '교육'의 근본적인 장소이면서 국가와 사회 양쪽의 기반입니다. 일본인들에게 가정은 가족국가라고 부르지 않아도 '가족국가'를 상기시킵니다. 사회는 생산의 장소이며, 다양한 형태의 노동을 확립합니다. 이 때문에 "자신의 노동을 사랑하라"는 명제와 '상호 협동과 조화'의 필요성은 무조건적입니다. '기대되는 인간상'이 그 이전의 메이지 텍스트와 다른 부분은, 고삐 풀린 소비와 함께 일어나는 피할 수 없는 문화의 대중화가 발생한 '대중의 시대'인 '현재'와 맞닥뜨렸다는 점입니다. 대중문화는 "오락 문화가 되기 쉽다. 이 문화는 오직 소비에만 열중"한다는 것입니다. 대중문화는 단지 양을 위해서 질을 떨어뜨리고, 저급한 문화의 유령은 사람들의 의무와 책임감으로부터 멀어지게 만든다고 합니다. 문화는 단지 소비로 이루어진 것이 아니라, 유용한 생산과 인간성의 진보에 대한 지각으로 추진되는 것이라고 합니다. '기대되는 인간상'이 제기하는 논점은 고급문화와 저급문화 사이의 오래된 쟁점입니다. 전자는 고상하고 후자는 품위가 떨어지며 가치가 적을 뿐이라고 합니다. 문화의 진정한 목적은 대중을 고양시키고, 고급 문화의 표현을 획득하고 인식하는 능력을 심어주고 그 방법을 찾아주는 것이라 합니다. 또한 그들이 누구인지, 일본인성을 상기하게 만드는 것이라고 주장합니다.

이 프로그램의 결론은 사회적 규율을 따를 능력이 있는 시민 주체를 구성하여 노동의 규율을 준수하게 하고 개인적 쾌락의 유혹에 빠지는 것을 방지하는 것입니다. 결론에서, "기대되는 인간상"은 메이지 교육칙어가 도덕적 의무에 대해 한 주장들을 상기시키며, 이상적인 착한 일본인의 형성을 요청합니다. 이 착한 일본인들은 적절한 애국심을 보일 것으로 기대되었습니다. 여기서 적절한 애국심이 되려면 '국가에 대한 올바른 사랑'과 국가에 대한 충성심의 수행이 일치되어야 합니다. 그렇지만 국가에 대한 충성심은 가정에 의해 구조화된 관계와 모듈, 가족을 주재하고 있는 상징적 천황과의 유대 속에 이미 예시되어 있습니다. '기대되는 인간상'은 '상징과 상징화 하는 것' 사이의 관계를 설명하려고 노력하지만, 천황 그 자신과 천

황이 실제로 상징하는 것들을 분리시키려는 노력은 실패하고 맙니다. 이런 이유로 설명은 동언 반복이 되고 맙니다. "상징하는 것은 상징되는 것을 표현한다." 이는 '일본 국가를 사랑하는' 것과 일본 국가의 상징을 사랑하는 것 사이의 공간을 메우기 위한 전제입니다. 이 결론의 정말 중요한 효과는 천황과 국가를 실재(物, もの)로서 재현했다는 것입니다. 천황과 국가는 이미 '관념적인 것'이었지만, 이제 이들의 물질적 모습은 그 유령적 성격을 감추었습니다. 이는 이후 10년 동안 '일본적인 것'으로서 구체화되는 것이었습니다.

5. 결론
: 천황제 유지와 민주주의에 대한 공포 그리고
전후 교토학파의 부활과 "기대되는 인간상"

저는 두 가지 의견으로 결론을 내리고자 합니다.

(1) 이 글에서 역설하고자 한 것은 어떻게 일본이라는 국가가 미군정 이후 민주화의 과잉을 다스림으로써, 민주화의 효력을 전환시키려고 노력하였는가에 있습니다. 이러한 방법의 목적은 시민들의 권리가 아니라 신적인 천황에 대한 신하들의 의무를 명시했던 전전 메이지 헌법의 통제를 되찾으려는 것이었습니다. 교육칙어는 올바른 일본인으로서 사람들을 사회화하려는 도덕적 규율을 요구했습니다. 이 점에서 미군정은 패배한 국가인 일본에게 민주적인 반전 헌법을 규정하고 사람들을 새롭게 사회화하는 수단으로써 교육 개혁을 제공했지만, 그럼에도 불구하고 천황제는 유지했습니다. 천황은 태양신의 후손으로서의 인간이기에 신적 존재는 아니었지만, '국민 통합의 상징'이었습니다. 이 중대한 결정의 결과로서 정치적, 사회적 영역을 천황이 주재하고 있는 곳으로 인식하는 길이 열렸습니다. 이 과정에서 천황-즉 사회-에 대한 존중과 충성은 정치적 영역과 천황의 이름으로 다스려지는 국가에 대한 복종과 다르지 않는 것으로 믿어졌습니

다. 천황제는 존재하지도 않았던 대중들의 주권통합을 상징하도록 만들어졌습니다. 우리는 미국 당국이 민주적 헌법을 규정하면서 동시에 신성한 군주제를 유지하도록 결정했을 때에는 어떠한 생각을 품고 있었는지 물어야 합니다. 이에 대한 명백한 대답이 하나 있습니다. 전쟁이 끝난 직후 천황의 복원이 진행된 이유는 천황제도가 정치적 질서에 거리낌 없는 정당성을 부여할 것으로 믿어졌기 때문입니다. 이 정치적 질서의 의도가 얼마나 민주적이었든지 간에, 일본 사회에서 어떠한 사람이나 제도도 불가능한 것을 오직 천황제도만이 가능하게 만든다는 확실한 보장이 있었습니다.

제가 여기서 제안하는 것은, 미국인들이 아마도 비의도적으로, 그들이 일본에 시행하려고 희망했던 바로 그 민주주의에 제약을 가하는데 공모를 했다는 것입니다. (천황이 이미 신적인 존재가 아니었을지라도, 그는 선조들에게 공동체의 행복을 지키기 위한 기념식과 의례를 주재하였고, 이를 통해 '신성한 땅'의 신적인 기원을 일본인들에게 상기시켰습니다.) 미국인들의 이러한 행위는 뒤이어 일본인들이 한층 개진시켰던, 민주주의에 대한 불신으로 드러납니다. 이는 심지어 민주주의를 수용한 이들의 민주주의에 대한 증오입니다. 철학자 자크 랑시에

르(Jacques Rancière)[18]가 최근 주장한 것처럼 그것은 대중근대사회에 무한한 욕망의 통제를 풀어놓는 것에 대한 두려움이었습니다. 일본인들에게는 이런 반사적 반응이 문명 자체에 영향을 미쳐 국가에까지 영향을 미치는 위기의 순간으로 표현되었습니다. 이는 근대화의 변모를 이해하려는 전전 시절의 논의에서 유래하였습니다. 전쟁 직전에는 근대를 초극하기 위한 순간이 바로 눈앞에 다가왔다고 널리 믿었습니다.

(2) 이는 우리를 다시 교토학파의 철학과 이의 전후 환생으로 이끕니다. 1960년대 초에 일본정부는 일본인을 '착한 일본인'으로 재사회화하려는 제도를 작동시킵니다. '기대되는 인간상'이 발표한 이러한 교육적 사회화 프로그램은 일본이 훈련된 노동력으로 세계적 경제 권력으로 떠오르던 시기에 실행으로 옮겨졌습니다. 이것의 효과는 일본 내부의 조화로운 질서가 세워짐으로써 확인되었고, 국민-주체-[19]들의 동의를 바탕으로 그들이 필요에 따라 일해주도록 동원하는 데 성공했던 시간 속에서 입증되었습니다. 어떤 측면에서는 '기대되는 인간상'은 예전 메

---

18) 자크 랑시에르(Jacques Rancière) 1940~ 프랑스 철학자. 파리 제8대학교 명예교수.
19) 원어는 subjects 임으로 '주체'이면서 '신하'라는 중의적 의미로 쓰였다.

이지 교육칙어를 덧쓴 것이었습니다. '기대되는 인간상'은 메이지 교육칙어가 부인되어 남겨진 정신적 빈 공간을 채우기 위해서, 미국이 시행한 교육기본법(敎育基本法)에 새겨져 있는 가치들을 부정하여 그 이전으로 되돌리려고 시도하였습니다. 전전에 실행된 국가적 명령은 국가의 원칙에 대한 단순한 낭독과 믿음에 의지했습니다. 반면에 전후에 이루어진 '일본인화'는 교육을 통해 전전(戰前)의 세계에서는 절대로 이루어질 수 없었던 것을 성취하도록 만든 국가의 권력을 반영합니다.

'기대되는 인간상' 이후 40여 년이 지난 오늘날, 전 일본 총리 고이즈미 준이치로(小泉純一郎)[20] 휘하 일본 내각이 전쟁을 지원했던 사람들의 '마음'과 '국가 정신'을 창조하기 위해 교육 현장을 방문한 것은 놀라운 일이 아닙니다. 그러나 총력전에 헌신했던 교토학파에게 필요했던 것은 위대한 국가적 사명을 수행하기 위한 준비로서 사람들을 동원하는 것이었습니다. 이 사명은 전투이기도 하고, 경제적 목적 등의 다른 종류의 싸움이기도 했습니다. 그 당시 고이즈미 내각이 교육기본법의 수정을 제안한 것은, 일본 제국주의 전쟁의 중요한 상징인 야스쿠니 신사 숭배

---

[20] 고이즈미 준이치로(小泉純一郎) 1942~ 일본의 정치가. 중의원의원, 후생장관, 우정장관, 총리를 역임.

를 증가시키려는 욕망을 반영했습니다. 이리하여 국민들의 정신을 '국가의 정신적 중추'로 변화시키는 가운데, 교육의 역할을 국가적 안건으로 삼은 셈입니다. 1999년에 자민당의 교육기본법 연구모임의 책임자인 가와무라 타케오(河村建夫)21)는 "헤세(平成) 교육칙어에 대해서 논의를 하고 싶다"고 말했습니다. 카와무라는 2004년 10월에 교육부 장관이 되면서부터, 2005년 의회 회기에 제출할 것을 목표로 교육기본법을 '헤세 교육칙어'로 탈바꿈하는 내용의 개혁을 해야만 했습니다. 후임 총리 아베 신조(安倍晋三)22)가 '전시 역사'에 관련해 서툴게 부인하고 나선 것은 이 이슈가 여전히 현재진행형이라는 것을 보여줍니다. 그러나 심지어 가와무라가 장관이 되기 전에도 한 의원이 2004년 2월, 당파를 초월한 교육기본법 개정추진위원회 발족식에서 다음과 같이 연설하였습니다. "우리는 국가를 위해 자신의 목숨을 희생하는 것을 서슴지 않는 일본인을 만들 것이다. 우리는 아이들에게 가르칠 것이다. 국가를 위해서 목숨을 희생하는 사람들이 있는 곳에 조국이 있다고. 이것을 나는 약속한다."

---

21) 가와무라 타케오(河村建夫) 1942~ 일본의 정치가. 중의원 의원. 문부과학장관, 관방장관을 역임.
22) 아베 신조(安倍晋三) 1954~ 일본의 정치가. 중의원 의원. 관방장관, 총리를 역임.

토론문

- '기대되는 인간상'에 이르러서는 천황제 이데올로기로의 노골적인 회귀가 이뤄지게 된다. 오늘 강연은 이에 대한 상세하고 깊이 있는 분석이며, 메이지시기에 형성된 일본의 주류 보수파(mainstream conservatives)가 패전 이후에도 얼마나 뿌리 깊게 지배력을 행사했는지를 보여준다.

토론문

Harry Harootunian 강연 토론문

김 항

'기대되는 인간상(期待される人間像)'은 이른바 '역코스(逆コース: reverse course)'의 완성판이라고 할 수 있을 것이다. '역코스'란 패전 후 개혁이 뒷걸음질 치는(relapse, go backwar) 현상을 일컫는 것으로, 1951년 요미우리 신문의 특집기사에서 처음으로 사용된 말이다. 물론 좁은 의미의 역코스는 A급 전범 중 일부의 석방조치, 국가·지방 공무원의 파업 금지령, 경찰예비대(National Police Reserve) 창설, 레드 퍼지(red purge), 공직추방령(purge from public office)의 해제, 자유민주당(LDP) 설립과 개헌을 위한 헌법조사위원회 설치, 우익단체의 부활 등 1950년대에 이뤄진 일련의 반개혁적 통치·경제·행정 조치에 대한 총칭이다. 그러나 넓은 의미로 보자면 1950-60년대에 걸

쳐 이뤄진 교육 및 문화 분야의 흐름 자체가 역코스인 것으로 평가될 수 있으며, '기대되는 인간상'에 이르러서는 천황제 이데올로기로의 노골적인 회귀가 이뤄지게 된다. 오늘 강연은 이에 대한 상세하고 깊이 있는 분석이며, 메이지시기에 형성된 일본의 주류 보수파(mainstream conservatives)가 패전 이후에도 얼마나 뿌리 깊게 지배력을 행사했는지를 보여준다. 아래에서는 질문이나 반론이라기보다는 이 강연의 내용을 바탕으로 하여 더욱 확장시켜 나가야 할 몇 가지 논점을 제시하기로 한다.

1. 근대 일본 사상·문화사 연구의 관점 변화
For changing our perspective on intellectual and cultural history of modern Japan

교육·사상·문화 분야에서 역코스는 사실상 패전 직후부터 시작되었다고 보아야 한다. 이는 하루투니언 교수의 강연에서도 지적되었듯이 국민주권의 원칙을 택했으면서도 천황제를 잔존시킨 미군정의 정책도 한몫했지만, 그 이전에 패전 직후 재건 논의를 지배했던 이른바 '올드 리버럴(old liberals)'의 멘탈리티에서 비롯된 것이기도 하다.

    일군만민의 우리 국체는 국민 각각이 확고하고 강하고 올바르고 높은 인간이 되어, 오미고코로(大御心 : 천황의 마음 – 인용자)를 체현하고 실현해나가야만 유지될 수 있다. 즉 오미고코로가 국민 각자의 마음속에 살아 숨쉬고, 국민이 마음으로부터 폐하의 백성이 되어, 폐하가 진정 우리의 군주가 됨으로써, 존중받는 천황인 동시에 우리의 친근한 아버지가 되어 주실 수 있도록 노력해야만 한다(安倍能成, 1946년).

    一君万民の我が国体は, 国民の各々がしっかりした強い正しい高い人間になって, 大御心を体し, 大御心を実現してゆくのでなければ, 維持することは出来ない。即ち大御心が国民各自の心のなかに生き, 国民が心から陛下の民になり, 陛下がほんとうに我々の君となり, 尊い天皇が同時に我々にとって親しい父になって下さるように努めねばならない。

아베 요시시게는 이와나미 출판사 대표인 이와나미 시게오(岩波茂雄)의 가장 친한 친구로, 경성제대 총장, 제1고등학교 교장, 그리고 제1대 문부성 장관을 역임한 인물이다. 아베와 이와나미가 주축이 되어 올드 리버럴들이 창간한 잡지가 『세카이(世界 *Sekai*)』이며 그 창간의 말에서 이와나미는 다음과 같이 말한다.

> 메이지 유신의 진보적 개혁은 도중에 '고세이몬(御誓文 goseimon)'의 정신을 잃어버렸다. 나는 메이지 유신의 진정함을 추구하여 고세이몬 정신에 충실할 것이 신일본 건설의 근본원리라고 생각한다(1946년).

> 維新の進步的諸改革は中道にして, 早くもかの御誓文の方針を見失った. (…) 私は明治維新の真剣味を追想し, 御誓文の精神に生きることが, 新日本建設の根本原理であると考へる。

잡지 『세카이』는 주지하다시피 전후 일본의 진보 담론을 이끌어온 매체이다. 그런 『세카이』의 창간사에서 '고세이몬' 정신에 충실할 것이 설파되고 있는 것이다. '고세이몬'이란 메이지 유신 당시 천황이 선포한 다섯 가지 원칙으로, 메이지 천황제의 기본 틀이 된 선언문이며, 메이지 천황이 자신의 선조들에게 서약하는 형식을 취하고 있다. 그러므로 전쟁 중 반군부의 입장을 취했던 올드 리버럴이 메이지 유신과 다이쇼 교양주의(大正教養主義)로 이어지는 주류 보수파의 담론을 패전 직후 반복하고 있는 것이다.

이런 의미에서 보자면 1930년대부터 패전까지 이어지는 군부의 '울트라 내셔널리즘'은 근대 일본사에서 '예외'에 해당한다고 볼 수 있을 것이다. 천황제를 근간으로 하는 근대 일본의 주류 보수파는 패전으로 인해 지배력을 잃지 않았던 것이다. '기대되는 인간상'은 이런 뿌리 깊은 주류 보수파의 정신을 전형적으로 드러내는 것이며, 이를 통해 보면 근대 일본의 멘탈리티가 다소 다르게 평가되어야 할 것이다. 여러 가지 함의가 있지만, 일례로 현대 일본의 보수화를 '군국주의의 부활'로 해석하는 것은 무리가 있다. 오히려 근대 일본은 메이지 유신 이후에 형성된 주류파가 놀랍도록 오랜 동안 지배력을 행사해왔다는 점에 주목해야 한다. 즉 변화라기보다는 지속이야말로 근대 일본 사상사·문화사를 파악하는 기본 관점임을 하루투니언 교수의 강연은 잘 보여주었다고 생각된다.

2. 아시아라는 계기의 말소
Erasure of a momentum of Asia

'기대되는 인간상'을 기초한 위원들은 당시 평균 연령 68세의 노인들이었다. 이 보고서가 발표된 시점이 1966년

임을 감안하면 모두 대체로 1890-1900년대 태생으로 위에서 말한 올드 리버럴 세대에 속하는 이들이라고 할 수 있다. 강연에서도 지적되었듯이 위원회는 학계와 재계를 망라한 이들로 구성되었는데, 그 중에서 눈에 띠는 이가 고사카 마사아키(高坂正顯 Kōsaka Masaaki: 1900-1969)와 아마노 테이유(天野貞祐 Amano Teiyū: 1884-1980)이다. 고사카는 이미 지적된 바 있듯이 쿄토학파의 철학자였고, 아마노는 위에서 말한 『세카이』 창간에 참여했고 요시다 시게루 내각에서 문부성 장관을 역임한 철학자였다. 즉 이 보고서는 올드 리버럴이라는 전통적 보수파의 사상과 쿄토학파의 세계사의 철학이 함께 녹아들어가 있는 것이라 말할 수 있다. 그런데 올드 리버럴과 쿄토학파는 많은 지점에서 대치되는 철학적 언설을 만들어냈지만 한 가지 부분에서 일치했다. 그것은 패전 후 '아시아'를 자신들의 사유 속에서 지워버렸다는 사실이다.

> 일본국가 권위의 최고의 표현, 일본국민 통합의 상징으로서의 천황제는 (…) 군민일체의 일본민족 공동체 자체의 불변의 본질입니다. 외지이종족(外地異種族 foreign ethnics)이 떨어져 나가 순수 일본으로 되돌아온 지금, 이것을 상실한다면 일본 민족의 역사적 개성과 정신의 독립은 소멸할 것입니다.

日本国家権威の最高の表現, 日本国民の統合の象徴としての天皇制は, (…) 君民一体の日本民族共同体そのものの不変の本質であります。外地異種族の離れ去った純粋日本に立ち帰った今, これをしも失うならば日本民族の歴史的個性と精神の独立は消滅するでありましょう。

　　이 인용문은 1946년 도쿄대 총장 난바라 시게루(南原繁)가 천황탄생 기념일에 도쿄대 학생들을 대상으로 한 연설문의 일부분이다. 난바라는 『세카이』 그룹과는 일정한 거리를 둔 철학자였으나 그들과 동일한 세대의 인물이다. 여기서 알 수 있는 사실은 철학적 견해의 차이에도 불구하고 올드 리버럴들이 모두 천황이 국민통합의 구심이라 믿어 의심치 않았다는 사실이다. 그리고 더욱 중요한 것은 이들이 생각한 '일본 국민'이 '외지이종족'의 소거라는 조건을 통해 가능했다는 사실이다. 즉 이들은 식민 지배와 전쟁을 통해 확장된 제국 일본을 순수 일본이라 생각하지 않았던 셈이다. 그러므로 제국의 창설부터 제국의 신민으로 통합된 수많은 이종족들은 '일본인임 Japaneseness'의 범주에서 누락되어 있었다. 그러므로 이들이 '일본인'을 생각하기 위해서는 의식적으로든 무의식적으로든 동일한 통치권력 하에 있었던 아시아가 배제되어야만 했다.

즉 이들에게 '일본인'은 넓은 의미의 '아시아'를 언제나 배제한 채 성립했던 셈이다. '기대되는 인간상'의 '착한 일본인'은 이렇게 '아시아'의 말소로 가능했던 인간상이었던 것이다. 그리고 교토학파의 경우 조금 다른 형태로 '아시아'의 말소가 일어난다.

> 일본은 메이지 유신 이래 근대국가로서의 후진성에서 비롯된 거리를 조급하게 단축시키려 해왔다. 이런 노력에 수반된 부자연스런 기형성과, 만주사변 전후부터의 정치 및 교학의 오류가 이것(일본민족의 도덕적 퇴폐 : 인용자)을 강화했다는 사정이 결합되어, 오늘날 일본민족의 문화적 도덕적 약점 및 결함을 산출했다. (…) 확실히 근대국가로서 현저한 후진성을 면치 못한 오늘날 우리 일본의 과제는 근대화라는 것으로 만사해결을 볼 수 있는 듯 여겨질지 모른다. (…) 하지만 세계는 근대세계에서 근대질서를 넘어선 세계로, 즉 초근대세계로 추이하고 있다. (…) 여기서 우리 일본은 말하자면 추세에 역행하는 근대화와 추세에 따르는 초근대화를 동시에 수행해야 하는 매우 어려운 상황에 놓여 있다는 사실을 깨달아야만 한다.

이는 교토학파의 또 다른 철학자 고야마 이와오(高山岩男)가 1946년에 쓴『문화국가의 이념』이라는 책으로부터의 인용문이다. 여기서 고오야마는 전시에 자신이 주장

했던 '근대초극=세계사의 철학'이라는 이념을 고수하고 있다. "세계는 근대세계에서 근대 질서를 넘어선 세계로, 즉 초근대세계로 추이하고 있다"는 상황 파악이 이를 잘 드러내준다. 그런데 자신의 철학적 이념을 고수하는 고야마는 전시기의 담론에서 결정적이었던 한 계기를 슬그머니 소거했다. 그것은 바로 '아시아'라는 계기이다.

> 대동아권 내의 정치적 질서라는 것도 (…) 이제까지 있었던 식민지정책처럼 단순히 정치적·경제적인 결합이 아니라, 윤리성을 갖는 결합이어야만 대동아권의 의의가 있는 겁니다. 과거의 질서 관념에서 보면 국가간의 결합이나 관계는 보통 어그리먼트, 즉 '협조' 아니면 '강제'라는 두 가지 방식이었습니다. 하지만 대동아권의 결합에서는 그런 방식과는 다른 윤리적 결합이 필요합니다.

이는 1942년 잡지 『추오코론(中央公論 Chūōkōron)』 지상에서 열린 좌담회에서 고오야마가 한 발언이다. 교토학파의 세계사의 철학에서 가장 중요한 이념은 주권 국가 간 질서를 넘어서는 국제질서를 구상하는 일이었으며, 이때 이 질서는 힘(Kratos)이 아니라 윤리(Ethos)를 근간으로 이뤄져야 한다는 원칙이었다. 이 구상과 원칙을 구체화한 것이 '대동아권(Great Asian Sphere)'이었음은 주지의 사실이다. 그래서 고오야마에게 근대를 넘어서는 새로운 질서는 '아시아'를 본질적으로 하는 것이었다. 유럽도 아메리카도 소련도 아닌 '아시아'야말로 초근대를 가능케 하는 계기였던 것이다.

그런데 위에서 보았듯이 패전 후 초근대라는 과제는 고스란히 유지하면서도, 그 본질적 계기였던 '아시아'는 어디론가 자취를 감추고 만다. 그리하여 '아시아'의 자리에는 '문화국가'라는 이념이 슬며시 들어서게 된다. 강연에서 '기대되는 인간상' 보고서 작성에 고야마가 영향을 주었음을 감안한다면, 이 보고서에 깃들여 있는 문화국가라는 구상은 '아시아'라는 계기를 말소한 결과물이라고 할 수 있을 것이다. 이 보고서에는 개인과 인류 사이에 '민족'이라는 구체적 실존을 설정하는 교토학파의 목소리가 고스란히 살아있다. 그러나 이 목소리와 문화국가라는 이념은 스스로의 언설 속에 자리하던 아시아라는 계기를 아무런 고민도 없이 말소한 결과이다. 이렇게 올드 리버럴과 교토학파의 '일본 국민=민족'이라는 '순진한' 발상은 '아시아'의 말소 위에서 가능했던 것이며, 위에서 말한 근대 일본의 주류 보수적 사고방식의 지속은 '아시아'라는 계기와의 상관관계 속에서 진폭을 거듭하는 것임을 앞으로의 연구가 주목해야 한다.

3. '기대되는 인간상'과 '국민교육헌장'
Kitaisareru Ningenzō and
The Charter of National Education in Korea

마지막으로 1968년에 재정된 한국의 '국민교육헌장'과 '기대되는 인간상'의 동시대성과 유사성에 관해 짤막하게 언급하는 것으로 토론을 마치고자 한다.

국민교육헌장은 '기대되는 인간상'과 마찬가지로 교육계 인사를 중심으로 구성된 26명의 위원들이 만들어낸 것이다. 이 위원회에서 주목되는 인물이 철학자 박종홍(1903-1976)이다. 박종홍은 경성제대 철학과를 졸업한 인물로, 니시다 기타로(西田幾多郎) 및 미키 기요시(三木清)의 영향 아래 철학 연구를 시작했다. 그의 하이데거에 관한 졸업논문은 미키의 해석에 큰 영향을 받은 것이었으며, 1930년대 중후반에는 일본 철학계의 '위기(危機)' 및 '전환기(転換期)' 담론의 자장 하에서 언술활동을 펼쳤다. 해방 후에는 서울대학교 철학과 교수를 역임하면서 강단철학의 1인자로 군림하다가, 1968년 국민교육헌장을 기초함으로써 4년 후 수립될 박정희 유신체제에 협력하게 된다. 자세한 내용은 생략하기로 하고 유신정권 수립 후의 박종홍의 국민교육헌장에 관한 강연에서 짤막하게 세 부분을 인용해보도록 한다.

> 오늘의 우리가 염원하는 새 역사는 간단히 한 마디로 민족중흥이라는 역사요, 그를 위한 유신의 역사다. 근대화를 지향하는 것임에는 틀림 없으나, 그것이 바로 근대 아닌 현대에 있어서의 근대화요, 서구와는 전통을 달리하는 우리의 근대화라는 점에, 먼저 유념할 필요가 있다.

> 個가 아무런 중간의 매체도 통함이 없이 보편, 즉 類와 직결하는 것은 아니다. 겉으로는 직결하는 것처럼 보이는 경우에도 사실인즉 우세한 중간의 매체, 즉 種이 있어서 유의 구실까지 겸하고 있는 때인 것이요, 종의 매개가 없다고 할 수 없다.

> 민족중흥은 그저 옛 것을 그대로 되풀이 하는 복고가 아니요 빛난 얼, 즉 창조적인 정신의 계승 부흥을 의미하는 것이니 서구의 문예부흥도 종교개혁도 모두 본래적인 근원의 발랄한 산 정신으로 복귀함을 의미하는 것이었다고 하겠고 그것이 다름 아닌 새 역사를 창조한 것이다. / 우리는 가끔 민족개조라는 말을 하거니와 이것은 한국 사람이 우리 민족 아닌 다른 민족으로 된다는 것일 수는 없다. 오히려 그 개조로써 참다운 한국사람으로 되자는 것이다.

첫번째 인용문에서 '근대(*kindai*)가 아닌 현대(*gendai*)'라는 구절은 전시기 일본의 '근대초극(overcoming modernity)' 담론에서 비롯된 것이다. 그러므로 박종홍이 말하는 '민족중흥(National Restoration)'이란 '초근대(overcoming modernity)'의 과제임을 알 수 있다. 또한 두번째 인용문은 교토학파의 철학자 다나베 하지메(田邊元)의 '종의 논리(種の論理 *Shunogenri*)'를 연상시키는 것으로, 개인과 인류 사이에 민족이라는 구체적 실존을 설정하고 있음을 알 수 있다. 그리하여 '새역사(new history)' 창조를 위한 '참다운 한국사람(authentic Korean)'이라는 '한국인다움(Koreanness)'가 설파된다. 이 논리는 '기대되는 인간상'과 매우 유사한 것임을 알 수 있을 것이다. 이 유사성과 동시대성을 어떻게 봐야 할까? 이는 앞으로의 사상사 연구가 짊어져 나갈 과제 중 하나임을 언급하면서 두서 없는 토론을 마치도록 한다.

하루투니언: 김항 교수님의 토론문에서는 여러 질문이 있었는데 제대로 답변은 못 드릴 것 같습니다. 우선 난바라 시게루의 경우, 그는 모순적인 인물입니다. 이 시기 올드 리버럴을 포함한 사람들의 교육은 1900년대 이전으로 올라가고 있습니다. 마루야마의 전전 시기 글들을 보더라도 천황에 대한 존경심으로 가득 차 있습니다. 어쨌든 난바라나 마루야마 같은 이들은 특정 개념의 진보주의이지만 대중에 대한 불신이 깊다고 보여집니다. 마루야마의 경우 자기 같은 사람은 죄가 없다고 이야기하는데, 다른 쪽에 탓을 돌리고 있습니다. 올드 리버럴들의 의견을 그대로 대변했던 것입니다. 패전에 대해 이야기하면서 일본이 새롭게 출발할 수 있는 기회를 이야기하는데, 이는 다이쇼 데모크라시 시기로 되돌아가자는 것으로 볼 수 있습니다. 기대되는 인간상을 작성하는데 참여한 이들 다수 역시 교육받은 시기가 메이지 시기로 거슬러 가는데, 이 사람들 역시 자신이 진보적 전통을 가졌다고 생각을 합니다. 자본주의의 과잉에 대해서 싫어했던 이들이기도 합니다.

그러나 이들에 대해 김교수님이 종전 직후에 거의

아시아에 대한 완전한 침묵이 이어졌다는 지적은 굉장히 정확한 지점입니다. 그 당시 아시아라는 말을 좌파들도 거의 안 썼습니다. 마루야마 마사오가 후쿠자와 유키치(福澤諭吉)에 대한 글을 많이 썼는데, 후쿠자와가 탈아입구 이야기를 하는 것과 유사하다고 할까요. 일본인들하고 이야기하면서 개인적으로 경험했던 것은 일본인들 스스로 단지 아시아뿐만 아니라 제 3세계와 연관되는 것을 싫어하더라는 것입니다. 자신을 유럽과 미국 등 서구와 동일시하는 분위기, 태도가 있었습니다. 이러한 정체성을 주장한 것은 산업화, 경제화가 원인이기도 하겠지요.

남기정 토론

총평: 감사하게 잘 들었습니다. 많은 공부가 되었습니다. 어려웠지만 글을 통해 새로운 사실을 알게 되었고, 여러 가지로 조사도 해 보면서, 전후 일본사를 바라보는 새로운 시각을 얻을 수 있었습니다.

토론에 앞서 제 소개를 하자면, 저는 일본의 정치와 외교를 전공으로 공부해 왔습니다. 최근 들어, 새로운 일본지역연구의 필요성과 가능성에 대해 생각하게 되었습니다. 서울대학교 일본연구소에 몸담으면서, 그러한 생각은 구체적 고민이 되었습니다. 이 상황에서 읽게 된 선생님의 책과 글들, 『역사의 요동(History's Disquiet)』, 「Learning Places」의 논문 등은 많은 도움이 되었으며, 제게 새로운 질문들을 제시해주었습니다. 이것이 일본 전후 역사에 대해 비전문가이면서도 선생님의 토론자를 자처한 이유입니다.

강연제목에 대하여

이 기획특별강연의 한글제목은 애초에 『선량한 일본인: 민주주의를 규율하기』라는 직역으로 제목을 달까도 생각해봤습니다. 그러나 강연 내용을 구체적으로 전달하는 것이 좋겠다는 판단에서 지금의 제목, 『'착한 일본인'의 탄생: 전후 일본의 민주주의 교육과 국민형성』이라고 달게 되었습니다. 그러나 오히려 강연 청중들에게 불친절한 제목이 된 것 같아 송구스럽습니다. 특히 '전후 민주주의 교육'이라는 말을 부제에 달았던 것이 문제가 될 수 있을 것 같습니다. 사실, 전후 일본 국가가 어떻게 전후 민주주의의 과잉을 통제하려했는가가 강연의 주제라는 점에서 내용을 잘못 전달한 것일 수 있을 것 같습니다. 그러나, 이러한 통제가 적어도 전후 민주주의의 외피 속에서 이루어졌다는 점에서 이를 표현하고자 했던 것이며, 그 속에 하루투니언 선생님이 의도했을 역설을 담아보려 했던 것입니다.

토론은 개인적인 감상과 질문 세 개의 순서로 진행해보겠습니다. 두 개는 오늘 강연 내용과 관련된 질문, 마지막 하나는 강연과는 직접 관련이 없지만, 오늘의 주제를 확대하여 고민해 보고 싶은 내용입니다.

개인적인 감상

미국점령시기 연구를 통해서 일본연구에 발을 들여 놓게 된 이후, 점령기 미국에 의한 개혁과 이를 수용할 텃밭이 되었던 전후 민주주의·전후 평화주의의 의의를, 여러 문제가 있다는 것을 충분이 인정하면서도 높이 평가하는 입장에 있었습니다. 그러나 선생님의 글을 읽으면서 일본의 전후 역사를 생각할 때, 전후 민주주의의 의의를 어느 정도까지 인정해야 하는지 다시금 의문이 들었습니다. 특히, 19회 중앙교육심의회의 답신으로 제출된 '기대되는(바람직한) 인간상'을 읽다 보면, 이를 기초한 사람들이 전전 방식의 사고를 전후 민주주의의 어법에 어떻게 맞춰서 전개할 것인가를 고민하면서도, 또한 어떤 부분에서는 전후 민주주의를 드러내 놓고 비웃는 듯한 곳도 있어서 참담한 마음으로 읽었습니다. 아마도 선생님의 강연을 듣지 않았다면, 어렴풋하게는 눈치챘을 수 있겠지만 '기대되는 인간상'이 기대고 있는 사상적 줄기를 제대로 이해하지 못했을 것이고, 그 행간의 의미를 읽어내지 못했을 것 같습니다. 이 점이 특히 감사합니다. 하나 지적하고 싶은 것은 본문 속의 '미국헌법'이라는 표현입니다. 신헌법 제정은 점령기 미국의 개혁정책 가운데 핵심적인 조치였고, 미국이 주도한 것은 사실이지만, 신헌법 제정을 위한 일본 국민의 노력이 흡수된 것이며 일본 국민의 적극적 수용이 있었다는 점에서, 미국의 헌법이라고 하기에는 문제가 있는 것 같습니다. 더구나 이러한 표현은 일본의 보수 우파가 헌법개정의 필요성을 역설하는 데 가장 중요한 근거가 되는 인식을 담고 있기 때문에 조심할 필요가 있지 않을까 생각됩니다.

질문1

이러한 개인적인 감상의 연장에서 첫 번째 질문을 드리고자 합니다. 메이지 교육칙어와 교육기본법, 그리고 '기대되는 인간상'의 관계입니다. 선생님의 강연에 의하면 교육칙어와 기대되는 인간상이 이어지고 있고 그 사이에 교육기본법이 짧은 단절로서 위치되어 있는 것 같습니다. 그런데 문제는 '기대되는 인간상'을 기초한 사람들도 교육기본법을 의식하고 있으며, 일본국 헌법과 교육기본법의 의의를 기본적으로 인정하고 있었다는 점입니다. 게다가 교육기본법은 47년 3월에 시행되어 2006년 현행 교육기본법이 개정 발포될 때까지 효력을 갖고 있었습니다. 즉 교육기본법 밑에 '기대되는 인간상'이 있으며, 교육기본법의 기본적인 이상이 변경된 것은 2006년에 들어서라는 것이 됩니다. 이 관계를 어떻게 볼 수 있는지요? 전후의 교육기본법과 '기대되는 인간상'의 관계에 대해 조금 더 설명해 주시길 바랍니다.

하루투니언: 남교수님의 첫 번째 질문에 대해서 답변하겠습니다. 메이지 교육칙어와 교육기본법, 기대되는 인간상의 관계에 대해서요. 교육기본법은 하나의 가이드라인 차원으로 제정되었던 것입니다. 실질적인 관계에서 보면 콘텐츠 자체에는 그리 신경을 쓰지 않았습니다. 기대되는 인간상은 사실 교육칙어의 형태보다 내용을 많이 가져왔습니다. 제가 기대되는 인간상 위주로 이야기 드린 것은 지적 호기심 차원이기도 했는데, 제가 선택한 부분입니다. 끊임없는 일본인 담론에 대해서 초점을 맞추느니,

그것보다 도덕적 교육에 대해 특정문건이 어떻게 명시하고 있는지를 들여다보고자 한 것입니다.

질문2

두 번째 질문은 '기대되는 인간상'의 실질적 효과에 대한 것입니다. '기대되는 인간상'은 그야말로 교육현장에서 '기대되는 교육'의 내용을 담은 것입니다. 그러나 그 내용은 전후 민주주의를 부정하는 내용이 담겨 있었기 때문에, 아마도 커다란 반발을 받았을 것으로 생각됩니다. '기대되는 인간상'이 발표된 이후, 이를 둘러싼 공방-정치권에서의 공방은 물론 사회 수준에서의 공방-이 있었다면, 그 내용에 대해 소개해 주고, 실질적으로 교육현장에서 '기대되는 인간상'에 따른 교육이 어느 정도 이루어졌는지, 파악된 것이 있다면 소개해 주시기 바랍니다. 이 질문은 다음과 같은 함의를 지닙니다. 즉, 1990년대 후반부터 일본의 이른바 우경화, 보수화에 불을 댕긴 〈새 역사교과서를 만드는 모임〉이나, 고바야시 요시노리의 만화 『전쟁론』 등은 교육기본법에 의한 일본의 교육 황폐화를 거론하고, 그 원인 가운데 하나로 '공(公)'적 공간의 소멸과 '사

(私)'적 인간의 과잉생산을 들고 있습니다. 즉 '기대되는 인간상'이 전혀 만들어지지 않는 것이지 않느냐라고 이들은 묻고 있는 것입니다. 2006년의 교육기본법 개정도 이와 같은 인식에서 나온 것으로 알고 있습니다. '기대되는 인간상'이 요구했던 '인간'들은 실제로 어느 정도 만들어졌는가, 묻고 싶습니다.

하루투니언: 기대되는 인간상의 실질적 효과에 대해서는 제가 조사를 해보지 않아서 말씀드리기 힘듭니다만, 심층적인 연구를 통해 밝힐 수는 있을 듯 합니다. 하지만 제가 보고자 했던 것이 그것의 효과를 밝히려는 것이 아니라, 담론 분석을 하고자 했습니다. 교토학파에 대해서 관심이 있었던 것입니다. 물론 일부 효과는 있었다고 봅니다. 일본 사회에서 아주 근면한 노동력이 생긴 것이 우연이 아니라, 기대되는 인간상의 작용이 아니었을까 싶습니다. 기대되는 인간상은 자기를 희생하는 국민들을 생산하는데 성공했다는 것입니다. 실제로 교원노조들은 이에 대해서 반발을 하기는 했습니다만 결국 기대되는 인간상을 수용했습니다. 교육부가 강하게 밀어붙이다 보니 이를 수용하지 않을 수 없었습

니다. 어디까지가 성공인가를 수치화하는 것이 불가능하기 때문에 과연 이것이 성공했느냐를 단언적으로 말씀드릴 수는 없지만, 이를 통해 자기희생적 인간상들을 만들어 내고 경제성장을 어느 정도 이뤄냈다는 면에서 성공적이었다고 할 수 있을 듯합니다.

질문3

마지막 질문은 일본지역연구의 미래에 대한 것입니다. 냉전 이후 지역연구자체가 큰 위기에 빠졌다가, 지구화 속에서 새로운 지역연구의 가능성과 필요성이 주목되고 있습니다. 서울대학교 일본연구소는 '현대 일본의 생활세계 연구'를 아젠다로 설정하고 연구활동을 조직하고 있습니다. 그런 의미에서 선생님이 일상성에 주목한 방법론을 제시한 것 등은 참고가 되었습니다. 기존의 일본지역연구가 지니는 문제점을 지적해 주시고, 이를 극복할 새로운 지역연구로서의 일본연구의 가능성과 전망에 대해 조언을 주시면 좋겠습니다.

하루투니언: 지역연구에 대해서 말씀 드리겠습니다. 미국에서 일본지역연구의 경우 일본에 관심이 많았던 것은 사실이지만, 일본과 미국이 하나의 나선처럼 뒤엉켜 있는 모습이 보입니다. 미국이 좀 더 강한 입장이다 보니, 일본에 압박을 주는 상황이지요. 하여튼 건강하지 못한 상황이고, 이 관계 때문에 일본에서 전후 시기가 장기화되는 경향이 있는 것 같습니다. 지금도 전후 시기라고 믿는 것이지요. 어떤 식이든 두 국가의 관계에 대해서 제가 한 가지 경험을 말씀 드리자면, 정부기관이 감시를 하는 듯한 느낌이 들었습니다. 어떤 여성이 느닷없이 질문하기를 "왜 일본이 사과를 해야 하는가?"라고 물었습니다. 반면 독일에 대해서는 왜 사과를 요구하지 않느냐고 물었습니다. "그것은 일본인들이 사고하는 방식 때문에 그런 것이다"라고 대답을 하긴 했었는데요. 그것은 일본인들이 한국 국민이나, 중국 국민에 대해 사과하는 것이 아니라 사실 미국 국민에게 사과를 하고 있는 듯한 느낌이라서 그렇습니다. 일본이 스스로 자유를 찾지 못한다면, 그 습관에서 벗어나지 못한다면, 중국, 한국은 계속 사과를 요구할 수 밖에 없을 듯 합니다.

제 생각에는 일상성이 지역연구에 더 바람직하다고 생각합니다. 어쩌면 지역연구에서 비교연구가 불가능한 것은 아닐까 생각합니다. 사과와 귤을 비교하는 식이니까요. 고유한 특성들을 각 국가마다 갖고 있기에 항상 다른 점이 있기 마련입니다. 지역연구에 일상성이라는 새로운 차원을 연구하다보면 단순한 비교연구와는 다른 방식의 연구가 열리지 않을까 싶습니다. 진정한 의미있는 비교연구를 배출할 수 있으려면, 국가라는 단위에서 벗어나야 하지 않을까 싶습니다.

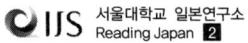

역자후기

- 경제대국으로 향하고 있던 일본 정부는 '멸사봉공(滅私奉公)'으로 상징될 수 있는 잘 규율된, 달리 말하면 잘 길들여지고 거세된 전체주의적인 주체를 소망하고 있었다. "기대되는 인간상"의 탄생은 전후 일본민주주의의 과잉들을 통제하기 위한 시도였던 것이다.

역자후기

이 책은 2010년 11월 3일 서울대학교 일본연구소에서 저명한 일본학자이며 역사 이론가인 해리 하루투니언 교수가 특별강연한 "The Good Japanese: Discipling Democracy" (전후 "착한 일본인"의 탄생: 전후 일본의 민주주의 교육과 국민형성)를 번역한 글이다. 이 글의 주요 분석 텍스트는 일본 제19회 중앙교육심의회의 답신으로 1966년 제출된 '期待される人間像'(기대되는 인간상)이다. 이 글은 이 텍스트가 전전 메이지 시기 발표된 교육칙어의 내용을 계승했다고 주장한다. 즉, 1960년대 일본 정부가 형성하려 했던 새로운 주체상은 전전 일본의 '제국신민'과 유사한 형태였다는 것이다. 경제대국으로 향하고 있던 일본 정부는 '멸사봉공(滅私奉公)'으로 상징될 수 있는 잘 규율된, 달리 말하면 잘 길들여지고 거세된 전체주의적인 주체를 소망하고 있었다. '기대되는 인간상'의 탄생은 전후 일본 민주주의의 과잉들을 통제하기 위한 시도였던 것이다. 하

루투니언 교수는 이러한 전체주의적 욕망이 1960년대 중반에 다시 나타날 수 있었던 역사적 배경으로, 천황제 존속을 결정한 미군정의 민주주의 자체에 대한 두려움을 지적하고 있다.

1960년대 중반의 일본 교육부 문건에 나타난 '전체주의적' 욕망은 '지금-여기'에서 어떠한 의미를 갖고 있을까? 문득, 2008년 서울을 방문한 일본인 친구가 떠오른다. 그녀는 촛불집회를 보며 "무섭다. 이해할 수 없다."는 말을 되풀이 했다. 경찰과 시민들의 폭력적 대치가 일어나는 시위도 아니고, 시민들이 촛불을 들고 담소하며 행진하는 모습이었지만 그렇게 많은 사람들이 모여서 정부에 항의하고 있는 모습이 그녀에게는 '무섭고, 이해할 수 없'는 일로 비추어졌다. 또 한편으로, 최근 일본 동북부 대지진과 쓰나미, 그로 인한 원자력 발전소의 방사능 누출에 침착한 대응을 하는 일본인들의 '시민의식'을 칭송하는 국내외 언론들의 보도가 떠오른다. 엄청난 규모의 자연재해를 겪었음에도 침착하게 법의 테두리를 지키려는 일본인들의 모습은 경이로울 정도이다. 고베의 복구과정에서도 일본 시민사회가 적극적으로 활동했던 것은 널리 알려진 바이지만, 그러나 원전 사태 이후 도쿄전력과 일본 정부에 대한 시민들의 집단화된 항의가 미약하다는 점은 어떻게 볼 수 있을까? 촛불집회를 두려워하는 시선과 일본인들의 '시민의식'을 찬양하는 시선에는 공통점이 있다. 두 시각이 바라보는 '바람직한 시민'이란 정부의 정책이 자신의 의견과 다르거나, 정부의 잘못된 대응으로 인재가 확대되어도, 정부를 믿고 침착하게 자신의 일을 하는 사람들이다.

그러나 이렇게 '바람직한 시민'들만 있었다면, 민주주의 그 자체가 애초부터 가능하지 않았을 것임을 한국의 역사가, 그리고 최근의 재스민 혁명을 비롯한 아랍의 분위기들이 잘 보여주고 있다. '바람직한' 또는 '착한' 이라는 가치규정은 누구의 입장에서 보느냐에 따라서 결정될 수밖에 없다. 이 글은 그러한 '착한' 일본인이라는 것이 정부가 '민주주의적 과잉'을 통제하여 창출하고자 한 것임을 밝히고 있다.

이 글에서 논의하고 있는 '기대되는 인간상'의 욕망은 1968년 대한민국에서 선포된 '국민교육헌장'의 의도와도 맞물려 있다. 하루투니언 교수의 글이 일본 전후 사회를 바라보는데, 나아가 박정희 유신체제 이후 한국사회를 바라보는데 시사점이 될 수 있다고 믿는다.

이 글을 번역하는 것은 일차적으로 서울대학교 일본연구소의 후의로 가능했다. 특히 조관자 선생님께서는 공동 역자라고 할 수 있을 정도로 초벌 번역된 원고를 한 문장 한 문장 꼼꼼하게 검토하여 주셨다. 이 자리를 빌어 감사드린다. 선생님의 검토가 없었다면, 이 글은 지금과는 비교할 수 없을 정도로 독해하기가 힘들었을 것이다. 또 첫 원고 번역에 많은 조언을 준 후배 민보라에게도 감사를 표한다.

부록

- 요컨대 인간으로서의 그리고 개인으로서의 깊은 자각을 지니고 여러 국민적·사회적 문제에 대처할 수 있는 뛰어난 지성을 갖추고 또 세계의 일본인으로서의 확고한 자각을 지닌 인간이 되는 것. 이것이 "당면한 일본인의 과제"이다.

부록

1. '기대되는 인간상'(본문)*

이경희

머리말

이 '기대되는 인간상'은 〈제1부 당면한 일본인의 과제〉와 〈제2부 일본인에게 특히 기대되는 것〉으로 되어 있다.

'기대되는 인간상'은 〈제1 후기중등교육의 이념〉의 〈2 인간형성의 목표로서의 기대되는 인간상〉에서 밝힌 것처럼 후기중등교육의 이념을 분명히 하기 위해 주체로서의 인간의 존재방식에 관하여 어떠한 이상형을 그릴 수 있는지를 검토한 것이다.

이하 언급할 내용은 모든 일본인, 특히 교육자 및 그

---

* 문부성 『기대되는 인간상』 대장성(大蔵省)인쇄국, 1966년, pp.5-46

외 인간형성의 임무에 종사하는 이들이 참고로 하기 위한 것이다.

이와 관련하여 주의해 두고 싶은 두 가지가 있다.

(1) 여기에 제시된 덕성들 중 무엇을 청소년 교육의 목표로 삼고, 또 그것을 어떻게 표현할 것인가는 각각의 교육자 혹은 교육기관의 주체적인 결정에 맡겨진 바이다. 그러나 일본의 교육의 현장을 볼 때, 일본인으로서의 자각을 지닌 국민이라는 점, 직업의 귀함을 알고 노동의 덕을 익힌 사회라는 점, 강한 의지를 지닌 자주독립의 개인이라는 점 등은 교육의 목표로서 충분히 유의해야 할 점이라고 생각한다. 여기에 제시한 것은 인간성 중 여러 덕성의 분포지도이다. 그러한 의미에서 이는 하나의 참고가 될 것이다.

(2) 예부터 덕은 그 근원에 있어 하나라고도 생각되어 왔다. 그것은 양심이 하나라고 하는 점과 마찬가지이다. 이하 언급된 덕성의 종류는 많으나, 중요한 것은 그 명칭을 외우게 하는 것이 아니다. 오히려 그 중에서 한 가지든 두 가지든 자신의 몸에 익히도록 노력하게끔 하는 것이다. 그렇게 되면 다른 덕도 그와 함께 각성될 것이다.

제1부 당면한 일본인의 과제

'향후 국가사회에서의 인간상은 어떠해야 하는가?'라는 과제에 답하기 위해서는, 첫째로 현대문명은 어떠한 경향을 나타내고 있는가?, 둘째로 오늘날의 국제정세는 어떠한 모습을 보이고 있는가?, 셋째 일본의 존재방식은 어떠해야 하는가? 하는 세 가지에 관한 고찰이 필요하다.

1. 현대문명의 특색과 첫 번째 요청

현대문명의 특색 중 하나는 자연과학의 발흥에 있다. 그것이 인류에게 많은 혜택을 준 것은 말할 필요도 없다. 의학과 산업기술의 발전은 그 혜택의 정도를 보여주고 있다. 그리고 오늘날은 원자력시대라든가 우주시대라 불리게 되었다. 그것은 누구도 부정할 수 없다. 이는 현대문명의 뛰어난 점이지만, 그와 함께 잊어서는 안되는 것이 있다. 그것은 산업기술의 발달은 인간성 향상을 동반해야 한다는 것이다. 만일 그것이 결여된다면, 현대문명은 파행적이 되어 산업기술의 발달이 인류의 복지에 대해 그에 걸맞은 공헌을 이루기 어렵게 될 것이다. 사회학자나 문명비평가의 대부분이 지적하듯이 인간이 기계화되고 수

단화될 위험도 발생할 것이다.

또한 그 원인은 복잡하지만 현대문명의 일부에는 이기주의와 향락주의의 경향도 보인다. 그것은 인류의 복지와 자신의 행복에 이바지할 수 없을 뿐 아니라 인간성을 왜곡하는 결과도 낳을 것이다.

여기서 인간성 향상과 인간능력의 개발이라는 첫 번째 요청이 나타난다.

오늘날은 기술혁신의 시대이다. 앞으로의 일본인은 이러한 시대에 걸맞게 자기의 능력을 개발해야 한다. 전후일본의 경제적 부흥은 세계적인 경이로 여겨지고 있다. 그러나 경제적 번영과 함께 이기주의와 향락주의적 경향이 일부에서 나타나고 있다. 그런 한편으로 패전으로 인한 정신적 공백과 정신적 혼란이 여전히 잔존하고 있다. 이처럼, 물질적인 욕망의 증대만이 있고 정신적 이상이 결여된 상태가 만일 오래 지속된다면, 장기적인 경제적 번영도 인간생활의 진정한 향상도 기대할 수 없다.

일본의 공업화는 인간능력의 개발과 동시에 인간성 향상을 요구한다. 필시 인간성의 향상이 없이는 인간능력의 개발은 그 기반을 잃게 되고, 인간을 단순히 생산수단의 하나로 여기는 결과가 되기 때문이다.

이때, 일본국 헌법 및 교육기본법이 평화국가, 민주

국가, 복지국가, 문화국가라는 국가이상을 내걸고 있는 의미를 다시 한 번 생각해 보아야 할 것이다. 복지국가가 되기 위해서는 인간능력의 개발을 통해 경제적으로 풍요로워짐과 동시에, 인간성 향상을 통해 정신적·도덕적으로 풍요로워져야 한다. 또한, 문화국가가 되기 위해서는 높은 학문과 예술을 지니고 그것들이 인간의 교양으로서 널리 생활문화 속에 침투하게 해야 한다.

이러한 것은 모두 공공의 시책에 깊이 관계하고 있는데 그 기반으로서는 국민 한 사람 한 사람의 자각이 중요하다.

인간성 향상과 인간능력의 개발, 이것이 지금 가장 우선적으로 요청되는 점이다.

2. 오늘날의 국제정세와 두 번째 요청

이상은 현대사회에 공통되는 과제인데 오늘날의 일본인에게는 특수한 사정이 보인다. 제 2차 세계대전의 결과, 일본의 국가와 사회의 존재방식 및 일본인의 사고방식에 중대한 변혁이 초래되었다. 전후 새로운 이상이 표방되기는 했으나 그것은 추상론에 머물러, 그 이상을 실현하기위해 배려해야할 구체적 방책의 검토는 여전히 충분치 않다. 특히 패전이라는 비참한 사실은 과거의 일본 및 일본인의 존재방식이 하나같이 잘못된 것이었다는 착각을 일으키고 일본의 역사 및 일본인의 국민성은 무시되기 십상이었다. 그 때문에 새로운 이상이 표방되기는 해도, 그것이 정착해야할 일본인의 정신적 풍토가 지니는 의의를 그다지 염두에 두지 않았고 일본민족이 계속해서 지녀 온 특색마저도 무시되기 쉬웠다.

일본 및 일본인의 과거에 개선되어야 할 점도 적지 않다. 그러나 거기에는 계승되고 발전되어야 할 뛰어난 점도 많이 있다. 만일 일본인의 결점만을 지적하고, 그것을 제거하는데 급급하여 그 장점을 신장시킬 마음가짐이 없다면, 일본인의 정신적 풍토에 걸맞은 새로운 이상을 실현할 수 없을 것이다. 우리는 일본인임을 잊어서는 안 된다.

오늘날의 세계는 문화적으로나 정치적으로나 일종의 위기 상태에 있다. 예를 들면 평화라는 말에 대한 상반된 해석은 민주주의에 관해 서로 대립하는 이해가 병존하는 형태로 나타나고 있다.

전후 일본인의 눈은 세계로 열렸다고 한다. 그러나 그 시선은 한편으로 치우치게 되기 쉽다. 세계 정치와 세계 경제 속에 놓여 있는 오늘날의 일본인은 세계를 향해 충분히 눈을 뜨고 그 복잡한 정세에 대처할 수 있어야 한다. 일본은 동서 간, 남북 간의 대립 가운데 있다. 일본인은 세계에 통하는 일본인이 되어야 한다. 그러나 그것은 일본을 망각한 세계인을 의미하는 것이 아니다. 일본의 사명을 자각한 세계인이라는 점이 중요한 것이다. 실로 착한 일본인일 때 우리는 비로소 진정한 세계인이 될 수 있다. 단순히 추상적, 관념적인 세계인이란 존재하지 않는다.

여기에서 세계로 열린 일본인이라고 하는 두 번째 요청이 나타난다.

오늘날의 세계는 반드시 안정된 모습을 보이고 있는 것은 아니다. 국지적으로는 여러 분쟁이 있어, 확대될 우려도 없다고는 할 수 없다. 우리들은 이에 냉정하게 대처할 지혜와 용기를 지니고 세계적인 법질서의 확립에 힘써야 한다.

동시에 일본은 강하고 씩씩해야 한다. 그럼으로써 일본은 비로소 평화국가가 될 수 있다. 본래 여기에서 말하는 강함, 씩씩함이란 인간의 정신적·도덕적인 강함, 씩씩함을 중심으로 한 일본의 자주독립에 필요한 모든 능력을 의미한다.

일본은 이미 받는 나라가 아니라 주는 나라가 되고 있다. 일본도 평화를 받을 뿐 아니라 평화에 기여하는 나라가 되어야 한다.

세계에 열린 일본이라는 두 번째 요청은 이와 같은 내용을 포함하는 것이다.

3. 일본의 존재방식과 세 번째 요청

오늘의 일본에 관해서는 여전히 유의해야 할 중요한 일이 있다. 전후 일본은 민주주의국가로서 새롭게 출발했다. 그러나 민주주의 개념에 혼란이 있어 민주주의는 아직도 충분히 일본인의 정신적 풍토에 뿌리내리고 있지 않다.

이와 관련하여 주의를 요하는 것이 하나 있다. 그것은 민주주의를 생각하는 데 있어, 자주적인 개인의 존엄함에서 출발하여 민주주의를 생각하려는 것과 계급투쟁적인 입장에서 출발하여 민주주의를 생각하려는 것의 대립이 있다는 점이다.

민주주의의 역사적 발전을 생각한다면 그것이 개인의 법적 자유를 지키는 것에서 출발하여 나아가 대중의 경제적 평등이라는 요소를 다분히 포함하게 되었다는 사실이 지적된다. 그러나 민주주의의 본질은 개인의 자유와 책임을 중시하고 법적 질서를 지키면서 점진적으로 대중의 행복을 수립하는데 있는 것으로, 법적수속을 무시하고 일거에 이상향을 실현하려는 혁명주의도 또 그것과 관련한 전체주의도 아니다. 성급하게 후자의 방향으로 치우치게 된다면, 개인의 자유와 책임, 법의 존중에서 출발했을 민주주의의 본질은 파괴되게 될 것이다. 오늘의 일본은 세계가 자유주의 국가군과 전체주의 국가군으로 양분된 사정의 영향으로 민주주의의 이해에 관해 혼란을 일으키고 있다.

또 주의를 요하는 다른 한 가지가 있다. 예로부터 일본에는 민족공동체적 의식이 강했던 반면에 소수의 사람들을 제외하고는 개인의 자유와 책임, 개인의 존엄성에 대한 자각은 부족했다. 일본의 국가, 사회, 가정에서 봉건적 잔재라 불리는 것이 보이는 것도 그 때문이다. 또한 일본 사회는 열린 사회처럼 보이면서도 거기에는 닫힌 사회의 일면이 뿌리 깊게 존재하고 있다. 그것이 일본인의 도덕은 수직적 도덕이고 수평적 도덕이 부족하다는 비판을 초래한 것이다. 확고한 개인의 자각을 수립하면서, 동시에 일본민족으로서의 공동의 책임을 지는 것이 중요한 과제의 하나이다.

여기에서 민주주의의 확립이라는 세 번째 요청이 나타난다.

이 세 번째 요청은 구체적으로는 다음 내용들을 포함

한다.

민주주의국가의 확립을 위해 무엇보다도 필요한 것은 자아의 자각이다. 일개의 독립된 인간인 셈이다. 종래의 일본인은 오랜 봉건성으로 인해 자아를 잃기 쉬웠다. 그 봉건성의 틀은 이미 타파되었으나 그것을 대신해서 오늘날의 소위 대중사회와 기계문명은 형태는 다르지만 모두 진정한 자아를 상실케 할 위험을 품고 있다.

다음으로 유의해야 할 것은 사회적 지성의 개발이다. 예부터 일본인은 세심한 정서면에서 뛰어났었다. 관용과 인내의 정신도 풍부했다. 풍부한 지성도 결여되지 않았다. 다만 그 지성은 사회적인 지성으로서 인간관계의 면으로 충분히 신장되지 못했다.

여기에 사회적 지성이라는 것은, 타인과 협력하여 타인과 바른 관계를 가짐으로서 진정한 자기를 실현하고 법질서를 지키며 좋은 사회생활을 영위할 수 있는 실천력을 지닌 지성을 의미한다. 그것은 타인을 위해 헌신하는 정신이기도 하다. 강요된 봉사가 아니라 자발적인 봉사를 할 수 있는 정신이다.

나아가 민주주의국가에서는 다수결의 원칙이 지배하는데, 그때 다수를 차지하는 것이 전횡이 되지 않는 것과 소수 편에 서는 자가 비굴해 지거나 공연히 반항적이 되지 않는 것이 필요하다. 우리들은 누구도 완전하지는 않지만, 누구나 각각 장점을 지니고 있다. 서로가 그 장점을 드러냄으로써 사회를 보다 낫게 하는 것이 민주주의의 정신이다.

이상이 민주주의의 확립이라는 세 번째 요청 속에서 특히 유의되어야 할 점들이다.

이상 언급해온 것은 오늘의 일본인에 대해 동일하게 기대되는 바이다. 세계는 평화를 찾아 노력하고 있는데, 평화로의 길은 길고 또 험하다. 세계평화는 인류의 무한한 도덕적 기준이다. 국내적으로는 경제 발전과 기술문명의 진보 이면에 많은 문제를 품고 있다. 오늘의 청소년이 들어서게 될 내일의 세계정세, 사회정세는 반드시 낙관적이지만은 않다. 새로운 문제도 야기될 것이다. 이에 대처할 수 있는 인간이 되는 것이 오늘날의 청소년에게 특별히 더 기대되는 것이다.

이상, 인간으로서 그리고 개인으로서의 깊은 자각을 지니고, 여러 국민적·사회적 문제에 대처할 수 있는 뛰어난 지성을 갖추며 나아가 세계의 일본인으로서 확고한 자각을 지닌 인간이 되는 것, 이것이 '당면한 일본인의 과제'이다.

제2부 일본인에게 특히 기대되는 것

이상이 오늘의 일본인에 대한 당면 요청이다. 우리들은 이러한 요청에 응할 수 있는 인간이 되기를 다짐해야 한다.

그러나 그와 같은 인간이 된다는 것은 바로 그에 적합한 항상적이고 또 보편적인 덕성들과 실천적인 규범을 익히는 것이다. 다음으로 제시할 것이 그러한 의미에서 향후 일본인에게 특히 기대되는 점이다.

제1장 개인으로서

│1│ 자유로울 것

인간이 인간으로서 단순한 사물과 다른 점은, 인간이 인격을 지니고 있기 때문이다. 사물은 가격을 가지지만 인간은 품위와 불가침의 존엄을 지닌다. 기본적 인격의 근거도 여기에 있다. 또한 인격의 중핵을 이루는 것은 자유이다. 그것은 자발성이라 해도 좋다.

그러나 자유롭고 자발적이라는 것은 제멋대로 행동하는 것도, 본능과 충동대로 움직이는 것도 아니다. 그렇게 되면 본능과 충동의 노예이지 그 주인이 아니며, 자유롭지도 않다. 인격의 본질을 이루는 자유는 스스로 자기 자신을 다스릴 수 있는 곳에 있고, 본능과 충동을 순화하여 향상시킬 수 있는 곳에 있다. 이것이 자유의 첫 번째 규정이다. 자유의 이면에는 책임이 동반된다. 단순한 사물에는 책임이 없고 인간에게만 책임이 따른다는 것은, 인간은 스스로 자유롭게 사고하고 판별하며 결단하여 행동할 수 있기 때문이다. 권리와 의무가 상관적인 것도 이 때문이다. 오늘날 자유만이 얘기되고 책임은 경시되며, 권리만이 주장되고 의무가 무시되는 경향이 있는 것은 자유에 대한 오해이다. 자유의 반면은 책임이다. 이것이 자유에 관한 두 번째 규정이다.

인간이란 이와 같은 의미에서의 자유의 주체이며 자유로운 것은 여러 가지 덕성의 기초이다.

2. 개성을 신장시킬 것

인간은 단순히 인격을 지녔을 뿐 아니라 동시에 개성을 지닌다. 인간이 각각 다른 사람으로 대체될 수 없는 하나의 존재로 여겨지는 것은 이 개성 때문이다. 인격을 지닌다는 점에서 인간은 모두 동일하지만, 개성 면에서는 서로 다르다. 거기에 개인의 독자성이 있다. 그것은 천분의 차이와 그 밖의 것으로 인한 것이겠지만, 그것을 살림으로써 자기의 사명을 달성할 수 있는 것이다. 따라서 우리들은 타인의 개성 또한 존중해야한다.

인간성의 충분한 개발은 자기 혼자서 이룰 수 있는 것이 아니라 타인의 개성의 개발을 기다리고 서로 함께할 때 비로소 달성된다. 여기에 가정, 사회, 국가의 의의도 있다. 가정, 사회, 국가는 경제적인 것 외의 의미를 지니는 것은 물론이지만 인간성의 개발이라는 점에서 보아도 기본적인 의미를 지니고, 그것들을 통해 인간의 덕성들은 육성되어 가는 것이다.

인간은 이상과 같은 의미에서 인격을 지니고 개성을 지니지만, 그것은 육성됨으로써 비로소 달성되는 것이다.

▎3 ▎ 자기를 소중히 여길 것

인간에게는 본능적으로 자기를 사랑하는 마음이 있다. 우리들은 그것을 존중해야 한다. 그러나 중요한 것은 자기를 진정으로 소중히 여기는 것이다.

진정으로 자기를 소중히 여기는 것은 자기의 재능이나 소질을 충분히 발휘하고, 자기의 생명을 함부로 다루지 않는 것이다. 그럼으로써 이 세상에 부여받은 생의 의의와 목적이 실현된다. 단순히 향락을 쫓는 것은 자기를 파멸하게 만드는 결과를 낳는다. 단순한 향락은 사람을 비속하게 한다. 향락 이상으로 귀중한 것이 있음을 앎으로써 우리들은 자기를 살릴 수 있는 것이다.

하물며, 향락으로 치닫고 나태해져서 자기의 건강을 해치는 일이 있어서는 안된다. 건전한 신체를 육성하는 것은 우리들의 의무이다. 그리고 우리의 일생의 행복도 건강한 신체에 의거하는 경우가 많다. 우리는 자진하여 더욱 건강한 신체를 육성하도록 노력해야 한다. 예부터 지육, 덕육과 나란히 체육에 중요한 의미가 부여되어 왔음을 잊어서는 안된다.

▎4▎ 강한 의지를 지닐 것

믿음직한 사람, 용기 있는 사람이란 강한 의지를 지닌 사람을 말한다. 부화뇌동하지 않는 사고의 강인한 의지를 지닌 사람이다. 화이부동(和而不同)할 정도의 용기를 지닌 사람이다. 게다가 타인의 기쁨을 자신의 기쁨으로 여기고, 타인의 슬픔을 자기의 슬픔으로 여길 줄 아는 풍부한 애정을 지니며 동시에 그것을 실행으로 옮길 수 있는 사람이다.

근대인은 합리성을 주장하고 지성을 존중하였다. 그것은 중요한 일이다. 그러나 인간에게는 정서가 있고 의지가 있다. 사람의 일생에는 여러 가지 불쾌한 일이 있으며, 여러 가지 곤란함에 닥친다. 특히 청년에게는 한 때의 실패나 생각지 않은 곤란을 당하더라도, 그에 굴하지 않고 늘 창조적으로 전진하려고 하는 늠름한 의지를 지닐 것을 바라고 싶다. 불요불굴의 의지를 지닐 것을 요구하고 싶다. 하지만 그렇다고 타인에 대한 배려를 잊어서는 안되는 것은 말할 나위도 없다. 믿음직한 사람이란 의지할 수 있는 사람을 말한다. 신뢰할 수 있는 사람을 말한다. 서로 불신을 품지 않을 수 없는 사람들로 구성된 사회만큼 불행한 사회는 없다. 근대인의 위기는 인간이 서로 인간에 대한 신뢰를 잃고 있다는 점에 있다.

믿음직한 사람이란 성실한 사람이다. 자신에게 성실하고, 또 타인에게도 성실한 사람이야말로 인간성을 존중하는 사람인 것이다. 이와 같은 사람이야말로 동시에, 정신적으로도 용기 있는 사람이고 강한 의지를 지닌 사람이라 할 수 있다.

▎5▎ 경외의 마음을 지닐 것

이상 언급해 온 여러 가지 것의 그 근저에 인간으로서 중요한 한 가지가 있다. 그것은 생명의 근원을 경외하는 마음을 지니는 것이다. 인류애라든가 인간애라 하는 것도 그것에 입각한 것이다.

모든 종교적인 정조는 생명의 근원을 외경하는 마음에서 유래한다. 우리들은 스스로 자신의 생명을 낳은 것이 아니다. 우리의 생명의 근원에는 부모의 생명이 있고 민족의 생명이 있고 인류의 생명이 있다. 여기에서 말하는 생명이란 본래부터 단순히 육체적인 생명만을 이르는 것은 아니다. 우리들에게는 정신적인 생명이 있다. 이와 같은 생명의 근원 즉, 성스러운 것에 대한 외경의 마음이 종교적인 정조이고, 인간의 존엄과 사랑도 그것에 의거하며 깊은 감사의 마음도 거기에서 우러나고 진정한 행복도 그것에 입각한다.

게다가 그것은 우리들에게 천지를 일관하는 길이 있음을 자각시키고, 우리들에게 인간으로서의 사명을 깨우치게 한다. 그러한 사명에 의해 우리는 진정한 자주독립의 기백을 지닐 수 있는 것이다.

제2장 가정인으로서

▮1▮ 가정을 사랑의 장으로 삼을 것

혼인은 법률적으로는 아내 되고 남편 되는 것의 합의를 통해 성립한다. 그러나 가정의 실질을 이루는 것은 상호 존중을 동반하는 애정이다. 각종 법적 규정은 그것을 지키고 육성하기 위한 것이라 할 수 있다. 또한 가정은 부부 관계에서 출발한다고 해도 거기에는 나아가 부모자식 관계, 형제자매 관계가 나타나는 것이 보통이다. 그리고 그러한 것을 하나의 가정답게 하는 것이 애정이다.

가정은 사랑의 장이다. 우리는 사랑의 장으로서의 가정의 의의를 실현해야 한다.

부부간의 사랑, 부모자식간의 사랑, 형제자매간의 사랑, 이 모든 것은 사랑의 특정한 형태로 나타나는 것이다. 서로 성격을 달리하는 그러한 다양한 사랑이 모여 하나의 사랑의 장을 구성하는 곳에 가정의 본질이 있다. 가정은 실로 개인존립의 기반이라 할 수 있다.

사랑은 자연의 정이다. 그러나 그러한 것이 자연의 정에 머무르는 한, 맹목적이 되거나 종종 왜곡된다. 애정이 건전하게 자라기 위해서는 순화되고 단련되어야 한다. 가정에 관한 각종 도덕은 그러한 애정의 체계를 정화시키면서 신장시키기 위한 것이다. 도를 지키지 않고서는 사랑은 자라나지 않는다. 옛 일본의 가족제도는 여러 가지 면에서 비판됐는데, 그러한 비판이 사랑의 장으로서의 가정을 부정하는 것이어서는 안된다. 애정의 장으로서의 가정을 지키고 육성하기 위한 가정도덕을 부정하는 것이어서는 안된다.

2 │ 가정을 쉼터로 삼을 것

전후, 경제적인 것과 그 밖의 여러 이유로 가정생활에 혼란이 생겨 그 의의가 상실되었다. 가정은 경제공동체의 가장 기본적인 것이나 가정이 지니는 의의는 그것이 전부가 아니다. 처음에 말했듯이 가정은 기본적으로는 사랑의 장이다. 애정의 공동체이다.

오늘날의 분주한 사회생활 속에서 건전한 기쁨을 주고 맑고 고요한 쉼의 장소가 되는 곳은 특히 가정일 것이다. 대중사회, 대중문화 위에서 자기 자신을 되찾고 이른바 인간성을 회복할 수 있는 장소도 가정일 것이다. 그리고 그러기 위해서는 가정은 맑고 고요한 쉼터가 되어야 한다.

가정이 밝고, 정결하고 동시에 즐거운 쉼의 장소임으로 인해, 우리들의 활력은 나날이 새로워지고, 그럼으로써 사회와 국가의 생산력도 증진될 것이다. 사회도 국가도 가정이 건전한 즐거운 장소가 되도록, 그리고 모든 사람이 가정적인 기쁨을 향유할 수 있도록 배려해야 한다.

3 │ 가정을 교육의 장으로 삼는 것

가정은 쉼터이기만 해서는 안된다. 가정은 또한 교육의 장이다. 그러나 그 의미는 학교가 교육의 장인 것과는 당연히 다르다. 학교와 가정은 서로 협력해야 하는 것이지만 학교에서의 교육이 주로 의도적인 데에 반해, 가정에서의 교육의 특색은 주로 무의도적으로 이루어진다는 데서 볼 수 있다. 가정의 분위기가 자연스레 자녀들에게 영향을 미치고 건전한 성장을 가능하게 하는 것이다. 자녀는 부모의 거울이라고 한다. 그것을 생각해 본다면, 부모는 서로 몸을 삼가야 할 것이다. 부모는 자녀를 키움으로써 자기 자신을 육성하는 것이고, 자기를 성장시키는 것이다. 또한, 자녀는 성장 과정에 있는 자로서 부모의 가르침에 귀를 기울여야 한다. 부모의 사랑과 함께 부모의 권위가 망각되어서는 안된다. 그것은 훈육에 있어 특히 중요하다. 자녀를 제대로 가르치는 것은 자녀를 제대로 사랑하는 것이다.

▮4▮ 열린 가정으로 만들 것

가정은 사회와 국가의 중요한 기반이다. 오늘날 가정의 의의가 세계적으로 재확인되고 있는 것은 그 때문이다.

또한 그만큼 가정의 구성원은 자기 가정의 이해득실 속에 편협하게 갇혀서는 안되고, 널리 사회와 국가를 향해 열린 마음을 지녀야 한다.

가정에서의 사랑의 모습들이 전개하여 사회와 국가

와 인류에 대한 사랑이 되는 것이다.

제3장 사회인으로서

| 1 | 일에 진력할 것

사회는 생산의 장으로 각종 직업과의 관계에서 성립하고 있다. 우리는 사회의 생산력을 향상시켜야 한다. 그로써 우리들은 자기를 행복하게 하고 타인을 행복하게 할 수 있는 것이다.

그러기 위해서는 우리들은 자기의 일을 사랑하고 일에 충실하고 일에 진력할 수 있는 사람이어야 한다. 또한 상호 협력과 화합이 필요한 것은 말할 필요도 없다. 그리고 그것이 타인에 대한 봉사가 된다는 것도 알아야 한다. 일을 통해 우리는 자신을 살리고 타인을 살릴 수 있는 것이다.

사회가 생산의 장임을 생각하면 그러한 점에서도 우리가 자기 능력을 개발해야 함을 알 수 있을 것이다. 사회인으로서의 우리의 능력을 개발하는 것은 우리의 의무이고 또 사회의 책임이다.

모든 직업은 그것을 통해서 국가, 사회에 기여하고 또 자기와 자기 가정의 생계를 영위하는 것으로서 모두 하나같이 소중한 것이다. 직업에 귀천은 없다고 하는 것도 그 때문이다. 우리는 자기의 소질, 능력에 적합한 직업을 택해야 하고 국가와 사회도 이를 위해 배려해야 하는데, 중요한 것은 직업의 다름이 아니라 어떻게 그 일에 진력하는가에 있음을 알아야 한다.

▎2 ▎ 사회복지에 기여할 것

과학기술의 발달은 우리 사회에 많은 혜택을 주었다. 그럼으로써 예전에는 인간생활에 있어서 피할 수 없는 불행이라 생각되었던 것도 기술적으로는 해결이 가능하게 되고 있다.

그러나 동시에 근대사회는 그 자체의 새로운 문제를 만들어 내고 있다. 공업의 발전, 도시의 팽창, 교통기관의 발달 등은 그것들이 충분한 계획과 배려가 결여될 때는 인간의 생활환경을 악화시키고, 자연미를 파괴하고, 인간의 생존을 위협하는 일조차 드물지 않다. 또한 사회의 근대화에 따르는 산업구조와 인간관계의 변화로 인해 발생된 불행한 사람들도 적지 않다. 게다가 오늘날의 고도화된 사회에서는 그것을 구성하는 모든 사람이 서로 깊은 의존관계에 있으므로 사회전체와의 관계를 떠나서는 개인의 복지는 성립할 수 없다.

민주적이고 자유로운 사회에서 실제로 사회복지를 실현하기 위해서는 공공의 시책이 필요한 것은 말할 것도 없으나 동시에 우리가 사회의 복지에 깊은 관심을 갖고 솔선하여 그러한 문제의 해결에 기여해야 한다.

근대사회의 복지 증진에는 사회의 연대 의식에 입각한 사회봉사 정신이 요구된다.

▎3▎ 창조적일 것

현대는 또한 대중화의 시대이다. 문화가 대중화하고 일반화하는 것은 본래 바람직하다. 그러나 소위 대중문화에는 중요한 문제가 있다. 그것은 이른바 대중문화는 흔히 향락주의, 소비문화가 되기 쉽다는 점이다. 우리는 단순히 소비를 위한 문화가 아니라 생산에 기여하고 또한 인간성의 향상에 도움이 되는 문화 건설에 노력해야 한다. 그리고 이를 위해서는 근로와 절약이 미덕으로 간주되어 왔음을 잊어서는 안된다.

게다가 소위 대중문화에는 다른 염려할 만한 경향이 따르기 쉽다. 그것은 문화가 대중화함과 동시에 문화를 비속화하고 가치의 저하를 초래한다는 것이다. 많은 사람들이 문화를 향수할 수 있게 한다는 것은 그 문화의 가치가 저속해도 됨을 의미하는 것은 아니다. 문화는 높은 방향을 향해 일반화되어야 한다. 그를 위해 우리들은 높은 문화를 맛볼 수 있는 능력을 익히도록 노력해야 한다.

현대는 대중화의 시대임과 동시에 다른 한편으로 조직화의 시대이다. 여기에 이른바 조직 내 인간이라는 현상이 생겼다. 조직이 생산과 경영에 있어서 중요한 의미를 지니는 것은 말할 나위도 없으나, 조직은 자칫하면 개인의 창조성, 자주성을 마비시킨다. 우리는 조직 속에서 상상력, 기획력, 창조적 지성을 신장시킬 것을 서로 강구해야 한다.

생산적 문화를 가능케 하는 것은 건설적이고도 비판적인 인간이다.

건설적인 인간이란 자기의 일을 사랑하고 그것을 육성하고 거기에 자기를 바칠 수 있는 사람이다. 여기에서 말하는 일이란 농장이나 공장에서 일하는 것도 되고 회사의 사업을 경영하는 것도 되며, 학문, 예술 등의 문화적 활동에 종사하는 것도 된다. 그럼으로써 자기를 육성할 수 있고, 다른 사람들에게 도움이 될 수 있다. 이렇게 해서 비로소 문화의 발전이 가능케 된다.

비판적인 인간이란 쓸데없이 옛 습관 같은 것에 구애되는 일 없이 부정함을 부정하다고, 미비함을 미비하다 하며 여러 가지 형태의 압력과 권력에 굴하는 일 없이 항상 보다 좋은 것을 찾아 전진하려고 하는 사람이다. 사회적인 부정이 적지 않은 오늘날, 비판적 정신의 중요성이 얘기되는 것도 단순히 부정과 파괴를 위한 것이 아니라, 건설과 창조를 위함이다.

4 사회규범을 중시할 것

일본 사회의 커다란 결함은 사회적 규범 능력의 약함에 있고 사회질서가 무시되는 데에 있다. 그것이 혼란을 초래하고 사회를 추한 것으로 만들고 있다.

일본인은 사회적 정의에 대해 비교적 둔감하다고 얘기된다. 그것이 일본 사회의 진보를 저해하고 있다. 사회의 각종 폐해를 없애기 위해 우리는 용기를 갖고 사회적 정의를 지켜야 한다.

사회규범을 중시하고 사회질서를 지킴으로써 우리는 일본 사회를 아름다운 사회로 만들 수 있다. 그리고 그 근본에 법질서를 지키는 정신이 있어야 한다. 법질서를 지킴으로써 외적인 자유가 보장되고, 그것을 통해 내적인 자유의 영역도 확보되는 것이다.

또한, 우리는 일본 사회를 보다 아름다운 사회로 만들고, 우리 가운데 바른 사회성을 키움으로써 동시에 선한 개인이 되고 선한 가정인이 될 수 있는 것이다. 사회와 가정과 개인의 상호관련을 잊어서는 안된다.

일본인이 지닌 사회도덕의 수준은 유감스럽게도 낮다. 게다가 민주화되었어야 할 전후 일본에 있어서 그 폐해는 현저하다. 이를 바로잡기 위해서는 공공심을 지니고 공사 구별을 분명히 하여 또한 공공물을 소중히 다루어야 한다. 이렇게 사회도덕을 준수함으로써 밝은 사회를 구축하는 일에 힘써야 한다.

제4장 국민으로서

|1| 바른 애국심을 지닐 것

오늘날 세계에서 국가를 구성하지 않고 국가에 소속되지 않는 어떠한 개인도 없으며 민족도 없다. 국가는 세계에서 가장 유기적이고 강력한 집단이다. 개인의 행복이나 안전도 국가에 의한 바가 지극히 크다. 세계 인류의 발전에 기여하는 길도 국가를 통해서 열려 있는 것이 보통이다. 국가를 바르게 사랑하는 것이 국가에 대한 충성이다. 바른 애국심은 인류애로 통한다.

진정한 애국심이란 자국의 가치를 한층 더 향상시키려는 각오이고, 그 노력이다. 자국의 존재에 무관심하고 그 가치 향상에 힘쓰지 않고 하물며 그 가치를 무시하려고 하는 것은 자국을 증오하는 것이 되기도 할 것이다. 우리는 바른 애국심을 지녀야 한다.

2 상징에 대해 경애의 마음을 지닐 것

일본 역사를 뒤돌아본다면 천황은 일본국 및 일본국민 통합의 상징으로 부동한 면을 지니고 있다고 알려져 있다. 일본국 헌법은 그것을 '천황은 일본국의 상징이고 일본국민통합의 상징이며, 그 지위는 주권이 지니는 일본국민의 총의(總意)에 근거한다'라고 하는 표현으로 명확하게 규정하였다. 본래 상징이란 상징되는 것이 실체로서 있을 때 비로소 상징으로서의 의미를 지닌다. 그리고 이 때, 상징으로서의 천황의 실체를 이루는 것은 일본국 및 일본국민의 통합이라는 것이다. 게다가 상징하는 것은 상징되는 것의 표현이다. 만약 그렇다면 일본국을 사랑하는 것이 일본국의 상징을 사랑하는 것이라는 것은 이론상 당연하다.

천황에 대한 경애의 마음을 파헤쳐 보면, 그것은 일본국에 대한 경애의 마음과 통한다. 생각건대, 일본국의 상징인 천황을 경애하는 것은 그 실체인 일본국을 경애하는 것으로 통하기 때문이다. 이처럼 천황을 일본의 상징으로서 자국의 정상으로 받들고 있다는 점에 일본의 독자적인 모습이 있다.

▎3▎ 뛰어난 국민성을 신장할 것

세계사상, 무릇 인류문화에 중요한 공헌을 했을 정도인 국민은 각각 독자적인 풍격을 갖추고 있었다. 그것은 오늘날의 세계를 이끌고 있는 국민들에 대해서도 마찬가지이다. 뛰어난 국민성이라 불리는 것은, 바로 그러한 국민들이 지니는 풍격인 것이다. 메이지(明治) 이후의 일본인이 근대사상(近代史上) 중요한 역할을 할 수 있었던 것은 그들이 근대일본건설을 향한 기력과 의욕에 넘쳐, 일본 역사와 전통을 통해 소양된 국민성을 발휘했기 때문이다.

이와 같은 늠름함과 함께, 일본의 아름다운 전통으로서는 자연과 인간에 대한 섬세한 애정과 관용의 정신을 들 수 있다. 우리는 이 섬세한 애정에 나아가 그 넓이와 깊음을 더해 관용의 정신의 근저에 확고한 자주성을 지님으로써 씩씩하고 아름답고 활달한 풍격 있는 일본인이 될 수 있는 것이다.

또한 지금까지 일본인의 뛰어난 국민성으로서, 근면하고 노력하는 성격, 높은 지능수준, 뛰어난 기능적 소질 등이 지적되어 왔다. 우리는 이러한 특색을 재인식하고 더욱 발전시킴으로써 좁은 국토, 빈약한 자원, 증대하는 인구라는 열악한 조건 하에서도 세계인들과 함께 영화와 번영의 길을 걸을 수 있을 것이다.

현대는 가치체계의 변동이 있고 가치관의 혼란이 있다고 한다. 그러나 인간에게 기대되는 덕성들이라는 관점에서 보면, 그 현상과 형태는 다양하게 변화하고 있어도 그 본질적인 면에서는 일관된 것이 발견된다. 그것을 더욱 명확히 하고 또는 더욱 심화시킴으로써 인간을 한층 더 인간다운 인간으로 만드는 것이 이른바 인도주의의 목적이다. 그리고 또 인간역사가 나아가야 할 방향일 것이다. 인간으로서 존경할 만한 사람은 직업, 지위 등의 구별을 넘어 공통의 것을 지니는 것이다.

부록 ─────

2. '기대되는 인간상'의 보고를 정리하며

중등교육심의회 제19특별위원회 주사 **고사카 마사아키**高坂正顕

> (이하는 '기대되는 인간상'에 관하여 심의된 중앙교육심의회 제10특별위원회가 중앙교육심의회 총회에 최종 보고했을 때, 동 특별위원회의 고사카 주사가 《문부홍보》를 위해 보내 주신 것인데, 이 '기대되는 인간상' 답신의 취지, 경과를 바르게 이해하는 데 있어 가장 참고가 되리라 생각되므로 여기에 게재한다.)

어떤 신문기자가 "보고가 정리되는 데 3년 3개월 걸렸습니다. 이례적이지 않습니까?"라고 했다. 그러고 보니 과연 그렇다. 자문(諮問)이 발족된 것이 1963년 6월 24일이고, 이번 보고가 중앙교육심의회에 나온 것은 1966년 - 역자 주 9월 19일이기 때문이다.

그러나 이례적이었다고 한다면 그동안 중간초안을

공표하여 널리 일반 사람의 의견을 구했다는 점이다. 중간초안을 공표한 것은 작년 1월 11일, 다행히도 왕성한 국민적 논의를 낳아 찬비양론의 의견을 받았다. 신문, 잡지에 실은 논문이나 비평, 혹은 여러 가지 단체의 정리된 의견만도 이천 건정도는 있었을 것이다. 그것을 일단 정리된 것은 작년 8월이었다. 그 밖에 나에게 개인적으로 의견을 보내 온 수도 상당히 많다. 그들의 의견과 비평을 참고로 하여 새로 제19특별위원회 위원의 의견을 타진하고, 별도로 몇 명은 참고인으로서 위원회에 출석해주었다. 이렇게 해서 이번 보고의 첫 번째 원안이 완성된 것인데, 그것을 또 제19특별위원회와 제20특별 위원회의 합동위원회에서 검토하여 상당한 수정을 가한 결과가 이 최종보고이다.

작년 정월, 중간초안을 공표하기에 이르러 나는 이 《〈문부홍보〉》(1965년 1월 13일 발행, 제393호)에 다음과 같이 기록하였다. 그러한 생각은 그 후로 더욱 논의되었는데 이번 최종보고를 읽는 경우에도 중요한 의미를 지닌다고 생각되므로 그대로 인용하기로 한다.

첫째는 '기대되는 인간상'이란 무엇인가 하는 의미에 관해서이다.

"인간은 희망을 지니고 기대를 품는 존재이다. 희망

과 기대 없이 인간은 살 수 없다. 우리는 자기에 대해 또 타인에 대해 어떠한 기대를 지닌다. 모든 일본인은 서로 어떠한 인간상의 실현을 기대하고 있다. '기대되는 인간상'이란, 요컨대 일본인이 일본인에 대해 기대하는 인간상이라는 의미일 것이다." 아직 충분히 확정되지 않은 중간초안을 공공연히 발표하여 세상 사람들의 비판과 의견을 구한 것도 일본인이 일본인에 대해서 무엇을 기대하고 있는가를 넓고 깊이 있게 알아내기 위한 것이었다.

둘째는 표현의 방법에 관한 것이다.

"어떠한 방법으로 종합·정리할 것인지에 관하여 여러 가지 의견이 있었다. 간결한 몇 가지 항목을 선택하여 외울 수 있는 형식이 좋지 않을까 라든가, 읽어서 청년제군이 감명을 받을 수 있는 표현을 택해야 하지 않을까 하는 등의 주장도 있었다. 그러나 이 중간초안의 형식은 그러한 것과는 다른 것이 되었다. 나는 다소 길어져도 좋으니 읽고 생각하게 하는 방식이 더 낫지 않을까 하는 생각에 따랐다. 서로가 논의할 하나의 장소를 제시하는 데 의의를 두었기 때문이다. 그럼으로써 이상적 인간상으로서 생각할 대상의 방향이 분명해 질 수 있다면 다행이다." 필시 몇몇 덕목을 암기시키는 것이 아니라 우리 일본인이 개인으로서, 사회인으로서, 또 국민으로서 어떠한 점에

유의하고 생각해 보는 것이 중요한가를 서로 반성해 보는 것이 중요하다고 생각했기 때문이다.

또 후기 중등교육의 이념을 밝힐 필요가 있기 때문에, 향후 국가사회에서의 인간상은 어떠해야 하는가 하는 과제를 검토하는 것이 제19특별위원회에 자문된 과제이므로 청년 제군에게 감명을 주는 등의 표현을 쓰지 않았다. 또한 같은 이유로 여기에 나와 있는 것은 '기대되는 인간상'이지 기대되는 청년상이라는 식으로 편협하게 한정된 것은 아니다.

그러면 어떠한 점을 고치거나 보완했는가 하면, 표현상으로는 이래라저래라 하는 식의 명령형을 생략한 점, 또 부정적이고 소극적인 것은 반대로 긍정적이고 적극적인 내용으로 고친 점이다.

다음으로 항목 상으로 새롭게 보완하거나 설명을 자세히 한 것으로서는, 다음의 항목들이 있다. 예를 들어 건강한 신체를 육성할 것, 사회복지에 봉사할 것, 비판적 정신의 강조 등이 그것이다.

구성상의 변경은 초안에서는 서론과 본론으로 구별되어 있던 것을 제1부와 제2부로 바꾸고, 맺음말이라 할 수 있는 '부기'를 새롭게 추가한 것이다. 또 배열 상의 변경은 서론 속의 '일본의 상징'을 제2부의 '상징에 대해 경애의 마음을 지닐 것'으로 옮기고, 다만 초안 속의 '마음 풍요로운 일본인이어라'로 시작되는 세 절을 보고에서는 제1부의 '당면한 일본인의 과제' 속에 정리한 것이다. 그럼으로써 요점이 다소 간명해졌을 것이다. 그것과 관련하여 상징으로서의 천황에 대한 부분은 설명이 불충분하다는 비평이 있었기 때문에 설명을 상세히 하였다. 다만 국기와 국가에 관해서는 생략하였다.

끝으로 이 보고 중에는 구체적인 인간상이 제시되어 있지 않다는 비평이 있으나 그에 관해서는 한 마디 언급해 두고 싶다. 어떠한 사람을 자신의 구체적인 이상적 인간상으로 택할지는 각자의 자유이다. 예를 들어 케네디도 좋고 슈바이처도 좋다. 그보다도 중요한 것은 자신의 주위 사람들은 각각 뛰어난 점을 지니고 있으니 서로 그것을 인정하는 것, 또 자신에게는 자신의 장점이 있으므로 그것을 신장시키는 것이다. '기대되는 인간상'은 그러한 인간의 좋은 점을 발견하고 스스로 보다 나아지기 위한 참고가 될 것이다.

'기대되는 인간상'은 교육기본법을 일본인의 정신적 풍토에 정착시키기 위한 것이다. 그 점을 망각해서는 안 된다.

저자 | 해리 하루투니언 *Harry Harootunian*

듀크대 문학부 객원교수 겸 뉴욕대·시카고대 명예교수. 미국의 저명한 일본연구자이자 역사이론가이다. 한국에 번역 소개된 책으로는 『역사의 요동』(휴머니스트, 2006), 『포스트모더니즘과 일본』(마사오 미요시와 공저, 시각과 언어, 1996)이 있다.

감수자 | 조관자

서울대학교 국어국문학과 졸업. 동경대학교 총합문화 연구 지역문화 박사. 일본 中部大学 준교수 역임. 현재 서울대학교 일본연구소 조교수. 지은책으로는 『植民地朝鮮/帝国日本の文化連環――ナショナリズムと反復する植民地主義』(有志舎, 2007) 등이 있다.

번역자 | 정기인

서울대학교 국어국문학과 졸업 및 동 대학원 박사과정 수료. 현재 서울대학교 일본연구소 HK연구보조원. 번역한 글로는 에드워드 사이드, 『「미메시스」 영문판 발간 50주년에 부쳐』, 「세계의 문학」 (114호, 2004 겨울)과 콜린 톰슨, 『플러즈』 1~5(2008)가 있다.

번역자 | 이경희

상명대학교 일본어문학과 졸업. 도쿄대학 대학원 총합문화연구과 초역문화과학전공 학술박사. 현재 상명대학교, 인하대학교 강사. 최근 발표한 논문으로는 「일본낭만파의 '회귀 여행'(『일본학연구』 2011년) 등이 있다.

토론자 | 남기정

서울대 외교학과 졸업 및 동대학원 석사. 동경대 대학원 국제관계학 전공 정치학 박사. 고려대 평화연구소 연구원, 일본 도호쿠(東北)대 법학부 교수, 국민대학교 국제학부 교수 역임. 현재 서울대학교 일본연구소 부교수. 지은 책으로 『의제로 본 한일회담』(선인(공저), 2010), 『朝鮮半島の和解・協力10年』(お茶の水書房(공저), 2009) 등이 있고, 옮긴책으로는 『북조선: 유격대국가에서 정규군국가로』(돌베게(공역), 2002)가 있다.

토론자 | 김항

연세대 신문방송학과를 졸업. 서울대 언론정보학과 대학원 석사. 동경대 대학원 종합문화연구과 표상문화론 전공 문학박사. 현재 고려대 민족문화연구원 HK연구교수로 재직. 지은 책으로 『말하는 입과 먹는 입』(2009)이 있으며, 옮긴 책으로 『근대초극론』(2003), 『미시마 유키오 대 동경대 전공투 1969~2000』(2006), 『동아시아를 만든 열 가지 사건』(공역, 2008), 『예외상태』(2009), 『정치신학』(2010)이 있다.

IJS 서울대학교 일본연구소
Reading Japan **2**

"착한 일본인"의 탄생
The Good Japanese

전후 일본의 민주주의 교육과 국민형성
Discipling Democracy

초판인쇄 2011년 07월 23일
초판발행 2011년 07월 30일

기　　획	서울대학교 일본연구소
저　　자	해리 하루투니언(*Harry Harootunian*)
감 수 자	조관자
번 역 자	정기인, 이경희
토 론 자	남기정, 김항
발 행 처	제이앤씨
발 행 인	윤석현
등　　록	제7-220호
주　　소	서울시 도봉구 창동 624-1 북한산현대홈시티 102-1206
전　　화	(02)992-3253(대)
전　　송	(02)991-1285
전자우편	jncbook@hanmail.net
홈페이지	http://www.jncbms.co.kr
책임편집	김진화 이신

ⓒ 서울대학교 일본연구소 2011 All rights reserved. Printed in KOREA

ISBN 978-89-5668-864-0 04910　　　　　　**정가** 6,000원

· 저자 및 출판사의 허락 없이 이 책의 일부 또는 전부를 무단복제·전재·발췌할 수 없습니다.
· 잘못된 책은 바꿔 드립니다.